안녕, 나는 프랑스의 수도 파리야.
유럽의 문화와 예술을 대표하는 도시지.

내 이름은 한때 이곳에서 살던
파리시(Parisii)라는 부족의 이름에서 유래했단다.

역사가 깊기 때문에 오래된 건물이 많고,
세계의 문명과 역사를 한눈에 볼 수 있는 박물관과
세계적인 화가들이 남긴 작품을 전시하는 미술관도 많아.

자유와 예술을 사랑하는 멋쟁이들과
혀를 즐겁게 하는 맛있는 음식 역시 파리의 매력 중 하나야.

그럼 나랑 같이 둘러볼까?

파리
세상을 바꾼 혁명과 예술의 도시

ⓒ 정유진·이양훈, 2022

초판 1쇄 인쇄	2022년 7월 19일
초판 1쇄 발행	2022년 8월 11일

지은이	정유진·이양훈
펴낸이	이성림
펴낸곳	성림북스

기획·편집	이양훈
디자인	네오이크

출판등록	2014년 9월 3일 제25100-2014-000054호
주 소	서울시 은평구 연서로3길 12-8, 502
전 화	02-356-5762
팩 스	02-356-5769
이메일	sunglimonebooks@naver.com

ISBN	979-11-88762-65-1 (74980)
	979-11-88762-64-4 (set)

- 책값은 뒤표지에 있습니다.
- 이 책의 판권은 지은이와 성림북스에 있습니다.
- 이 책의 내용 전부 또는 일부를 재사용하려면 반드시 양측의 서면 동의를 받아야 합니다.

우리 아이 교양을 키우는
세계 도시 여행 ❶

세상을 바꾼
혁명과 예술의 도시

파리

정유진 그림 • 이양훈 글

성림주니어북

| 차례 |

프랑스는 어디에 있을까? 6
파리의 생김새와 주요 건물들 8
파리의 행정 구역 10
센강의 다리와 섬 12
퐁네프 다리와 노트르담 대성당 14
파리의 중심, 파리 1구 16
프랑스 대통령의 집무실이 있는 엘리제 궁전 18
개선문과 샹젤리제 거리가 있는 파리 8구 20
에투알 개선문과 샹젤리제 거리 22
파리지앵 24
파리의 음식점 26
라데팡스와 신개선문 28
에펠탑과 마르스 광장 30
앵발리드의 군사 박물관 32
뤽상부르 공원과 팡테옹, 소르본 대학교 34
파리의 대학교 36
퐁피두 센터 38

파리의 거리 예술가들	40
마레 지구의 명소들	42
몽마르트 언덕과 사크레쾨르 대성당	44
베르사유 궁전	46
그 외의 파리	48

프랑스와 파리를 조금 더 깊이 알아볼까?

    옛날에는 프랑스가 없었대!・50 | 서로마 제국이 멸망하고 프랑크 왕국이 들어서다・51 | 프랑크족은 어떤 사람들일까?・51 | 서프랑크와 동프랑크・53 | 백 년 전쟁으로 '프랑스인'이 탄생하다・53 | 왕권신수설과 삼부회・54 | 프랑스 혁명의 시작・55 | 더 나은 세상으로 향하기 위한 진통・56 | 나폴레옹의 등장・57 | 나폴레옹, 황제에 올라 유럽을 정복하다・58 | 프랑스 혁명과 나폴레옹이 남긴 유산・58 | 프랑스의 마지막 왕・60 | 프랑스와 파리가 우리에게 주는 교훈・61

파리 여행을 마치며	62

프랑스는 어디에 있을까?

프랑스는
유럽이라는 지역에 있어.
피부가 하얀
백인들이
많이 사는 곳이야.

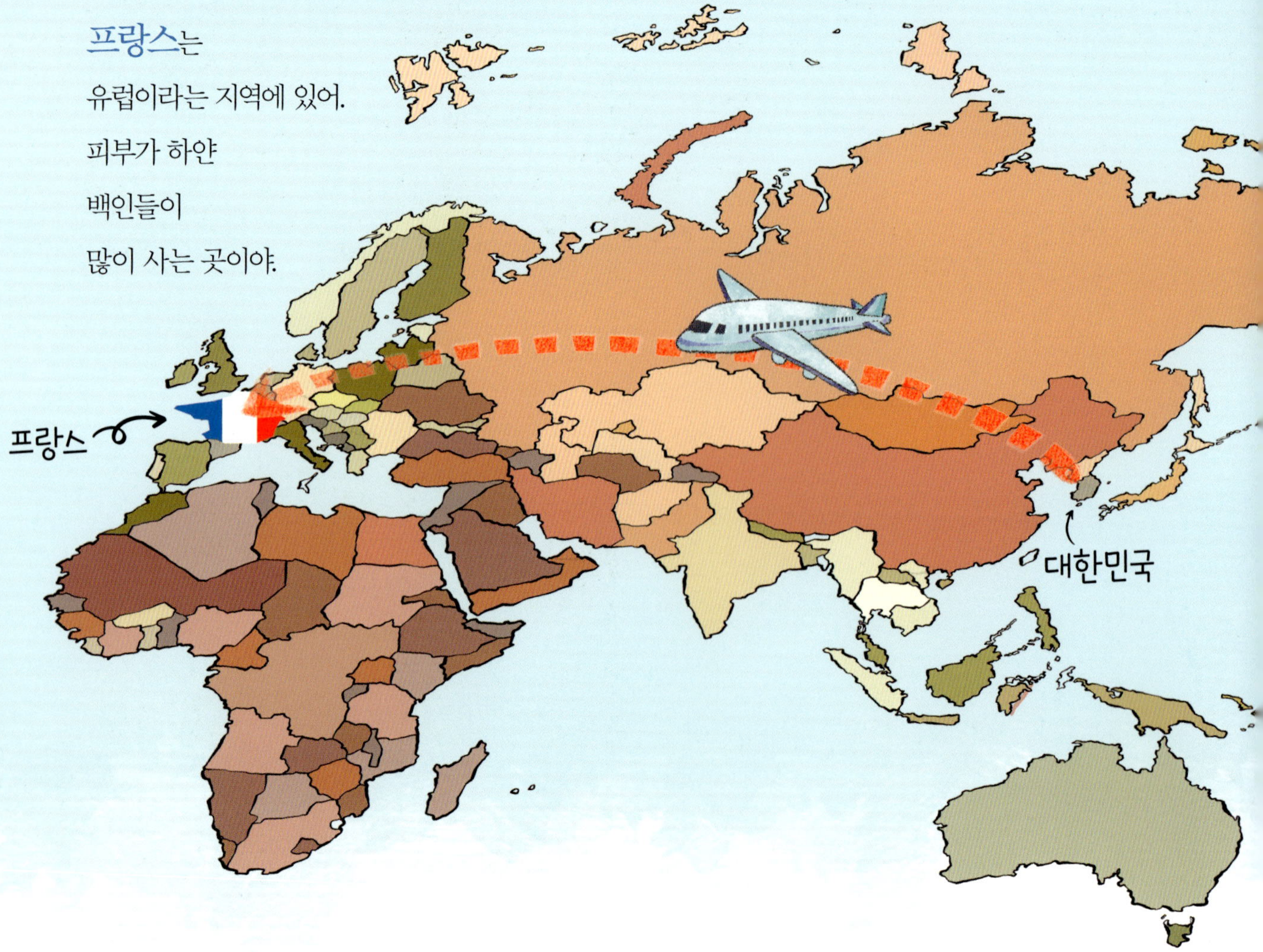

프랑스

대한민국

프랑스는
벨기에, 독일, 스위스, 이탈리아, 스페인과
국경을 맞대고 있어.
대한민국보다는 6배 정도 커.

파리의 생김새와 주요 건물들

난 이렇게 생겼어.
곳곳에 익숙한 건물들이
보이지 않니?

개선문
콩코드 광장
에펠탑
앵발리드

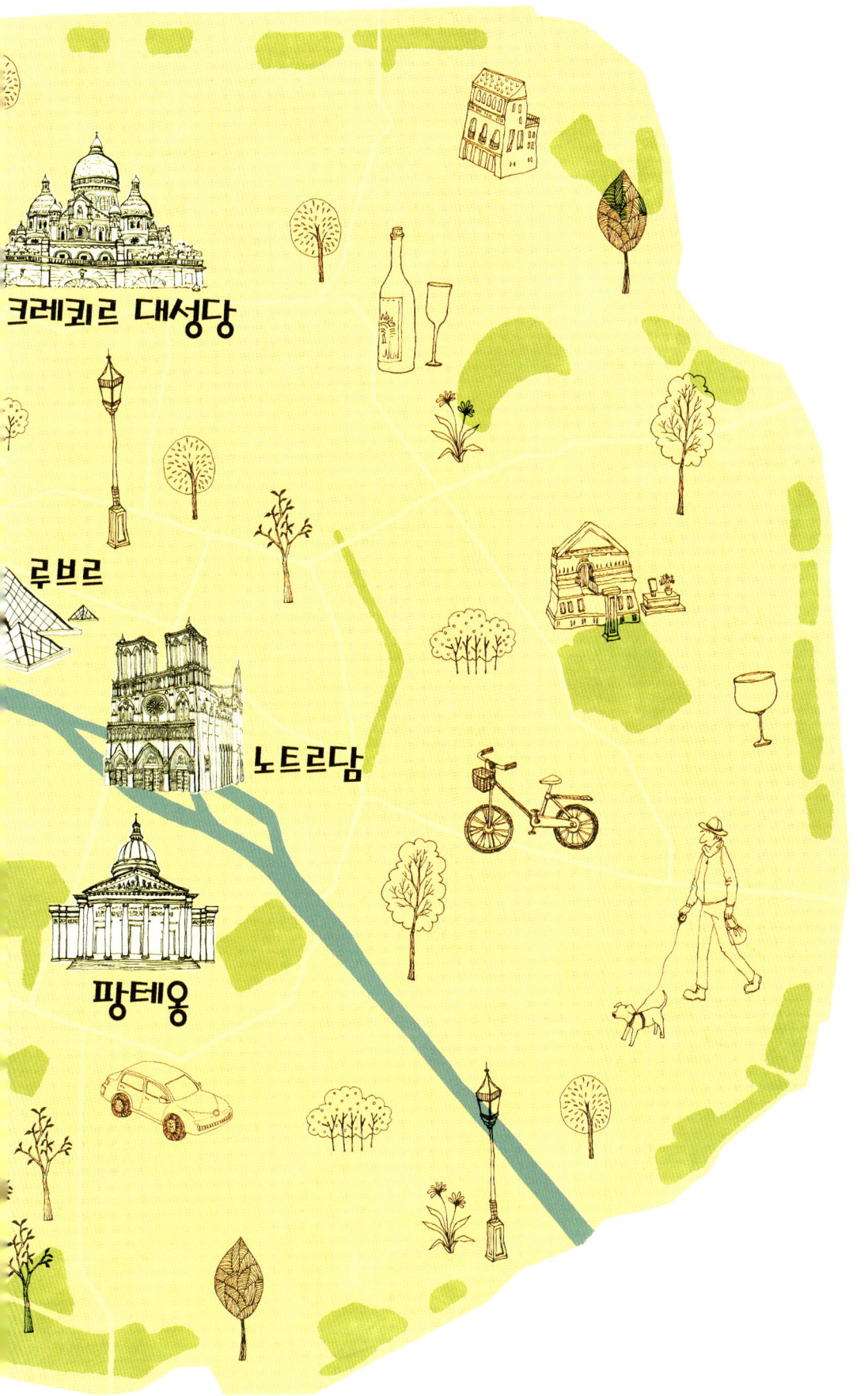

파리의 행정 구역

"내 안에는
달팽이가 있어!"

1번부터 20번까지
모두 스무 개의 구가 있어.
종로구, 강남구처럼 말이야.
그런데 1번부터 20번까지
선으로 연결하면
달팽이 모양이 된단다.
재미있지 않니?

센강의 다리와 섬

시뉴섬

세계의 거의 모든 대도시는
강을 끼고 있어.
사람이 살아가는 데 그만큼
물이 중요하기 때문이야.
우리나라의 서울을
한강이 가로지르는 것처럼
파리에도 **센강**이 흐르고 있어.

사실 센강은 한강처럼 크지는 않아.
센강에는 섬이 3개 있는데,
시테섬과 **생루이섬**은 자연 섬이고,
시뉴섬은 인공 섬이야.
파리를 흐르는 센강을 건너는 다리만
30개가 넘어.

시테섬

생루이섬

퐁네프 다리와 노트르담 대성당

← 퐁네프 다리

노트르담 대성당

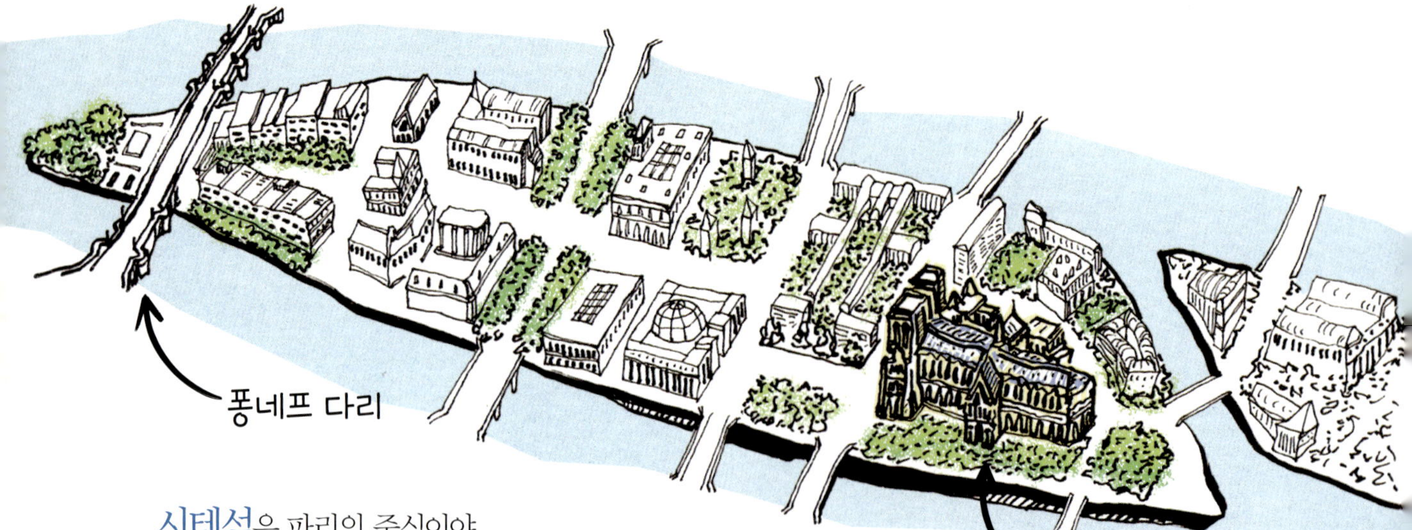

시테섬은 파리의 중심이야.
현재의 파리가 이곳에서부터 시작되었지.
시테섬에는 유명한 퐁네프 다리와 노트르담 대성당이 있어.

노트르담Notre Dame 은
예수의 어머니인 성모 마리아를
뜻하는 말이기 때문에
세계 곳곳에는 노트르담 성당이 많아.
그래서 이곳을 부를 때는 특별히
'파리 노트르담 대성당'이라고
불러야 해.

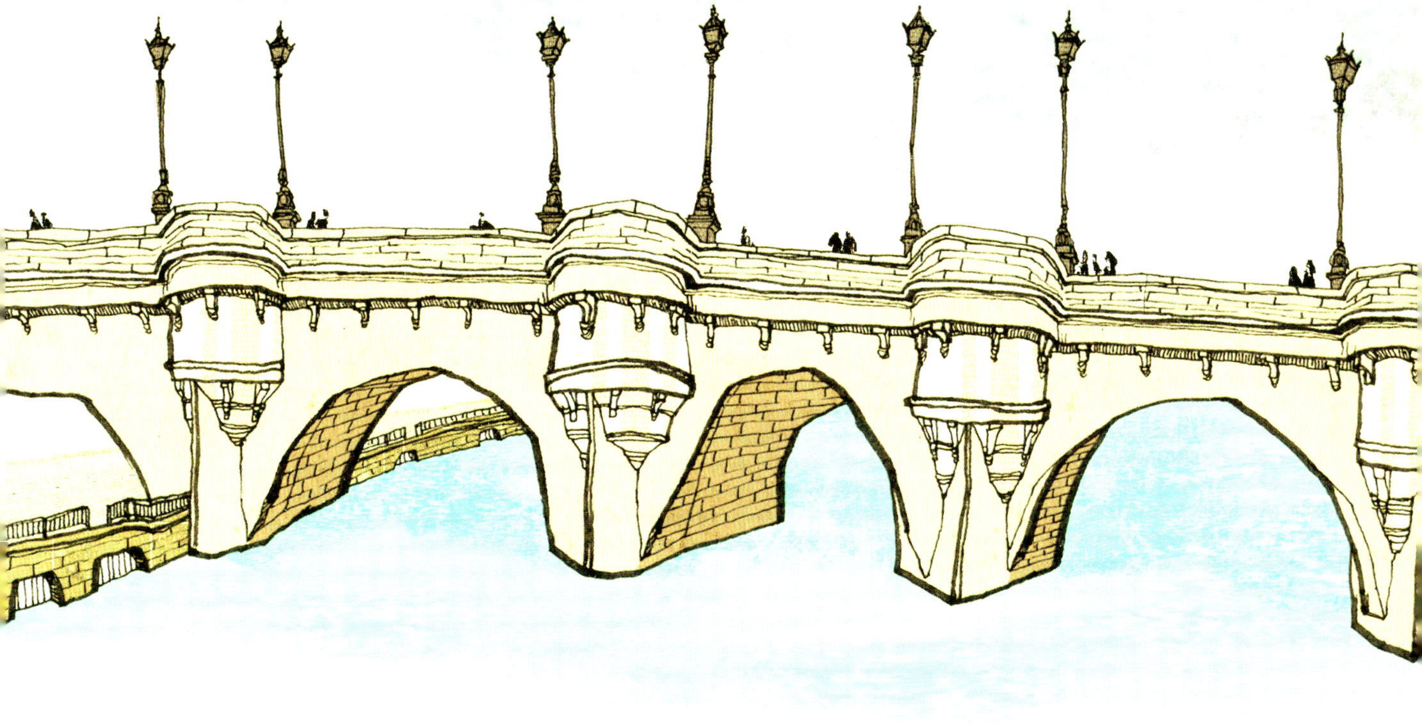

퐁네프 다리는 '새로운(neuf)' 다리라는 뜻이야. 그런데 사실은 파리에서 가장 오래되었어. 이전까지 센강의 다리는 모두 나무로 지었는데, 퐁네프 다리를 돌로 새롭게 만든 이후로 다른 다리들도 모두 돌로 짓게 되었거든.

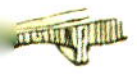

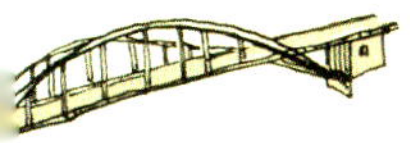

인공 섬인 **시뉴섬**이야.
섬 끝에 있는 그르넬 다리 앞에는
뉴욕 자유의 여신상을 축소한 모형이 서 있어.
미국이 선물한 거지. 사람이 살지는 않아.

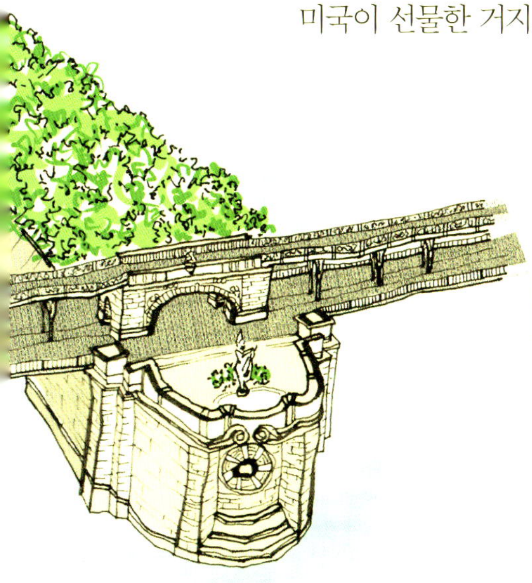

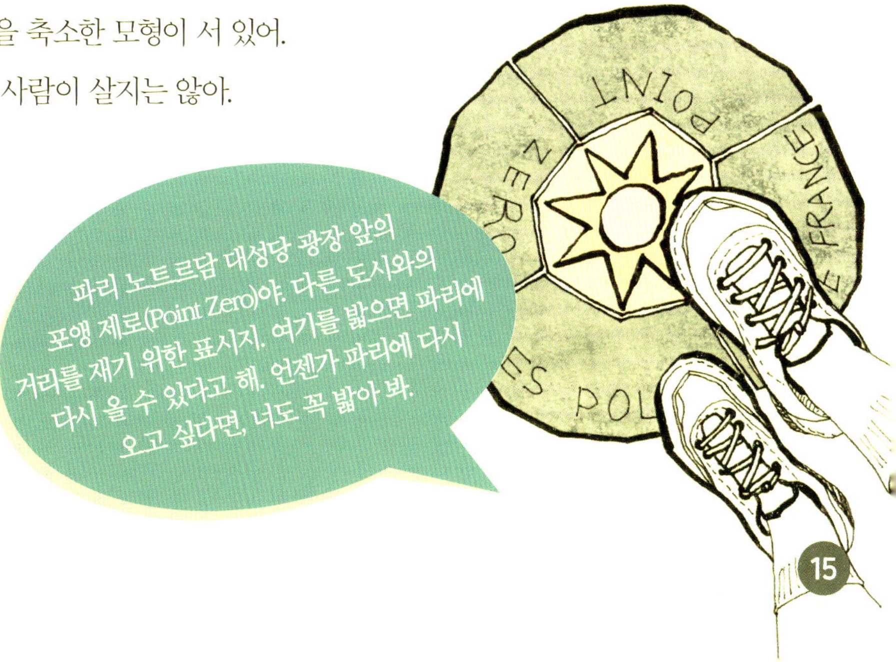

파리 노트르담 대성당 광장 앞의 포앵 제로(Point Zero)야. 다른 도시와의 거리를 재기 위한 표시지. 여기를 밟으면 파리에 다시 올 수 있다고 해. 언젠가 파리에 다시 오고 싶다면, 너도 꼭 밟아 봐.

파리의 중심, 파리 1구

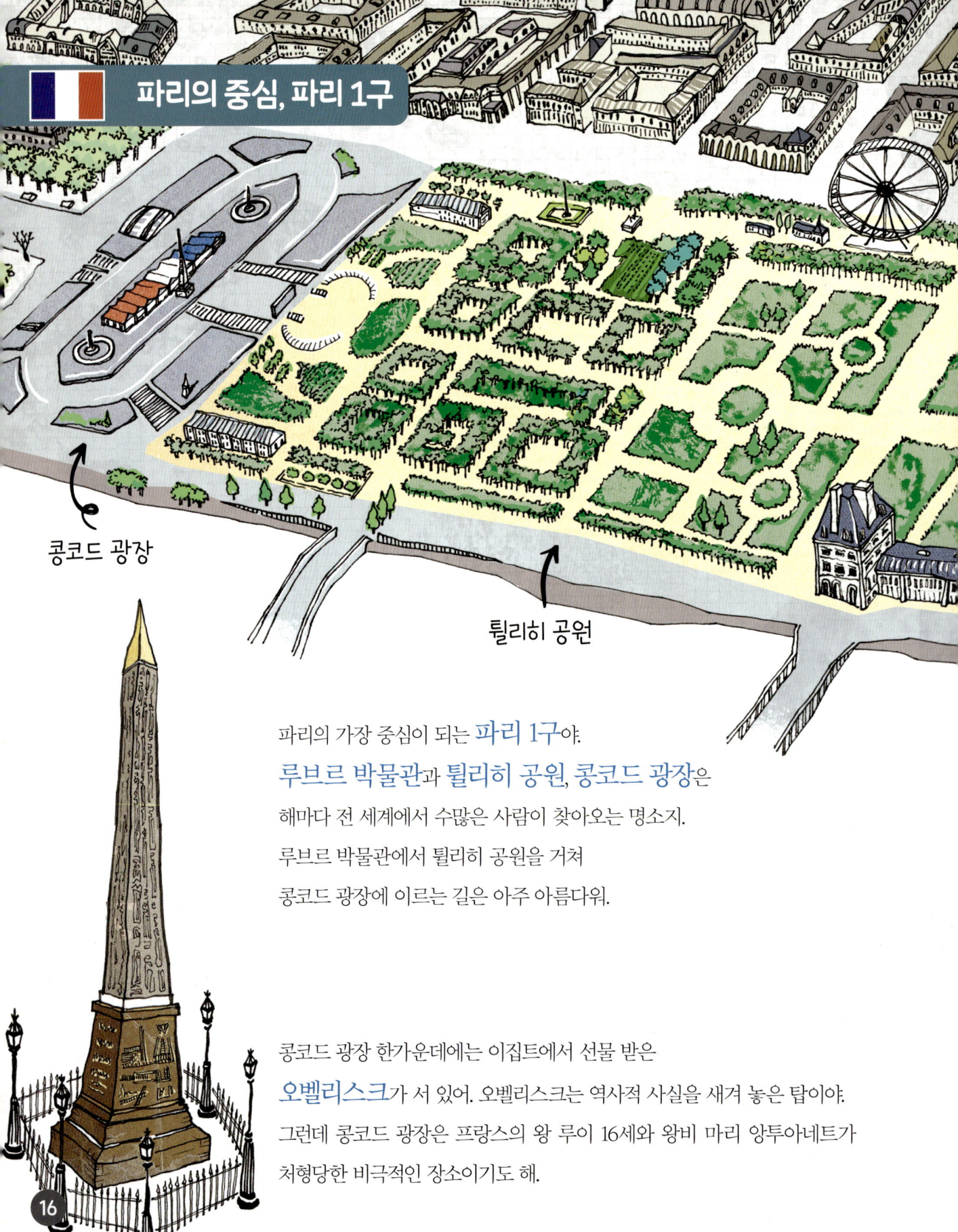

콩코드 광장

튈리히 공원

파리의 가장 중심이 되는 **파리 1구**야.
루브르 박물관과 **튈리히 공원**, **콩코드 광장**은
해마다 전 세계에서 수많은 사람이 찾아오는 명소지.
루브르 박물관에서 튈리히 공원을 거쳐
콩코드 광장에 이르는 길은 아주 아름다워.

콩코드 광장 한가운데에는 이집트에서 선물 받은
오벨리스크가 서 있어. 오벨리스크는 역사적 사실을 새겨 놓은 탑이야.
그런데 콩코드 광장은 프랑스의 왕 루이 16세와 왕비 마리 앙투아네트가
처형당한 비극적인 장소이기도 해.

루브르 박물관

루브르 박물관은 메트로폴리탄 미술관, 영국 박물관과 함께
세계 3대 박물관 중 하나야.
전 세계 곳곳의 오래된 유물과
뛰어난 화가들의 작품을 볼 수 있어.
사실 루브르 박물관의 소장품을 다 감상하려면
하루가 부족할 거야.

프랑스 대통령의 집무실이 있는 엘리제 궁전

콩코드 광장에서 서쪽 방향으로 가면
프랑스 대통령의 집무실과 관저가 있는
엘리제 궁전이 나와.
이곳에서 프랑스 정부의 장관들이
회의를 하고,
외국에서 온 귀빈을 맞이하기도 해.
우리나라로 치면
과거의 청와대 같은 곳이야.

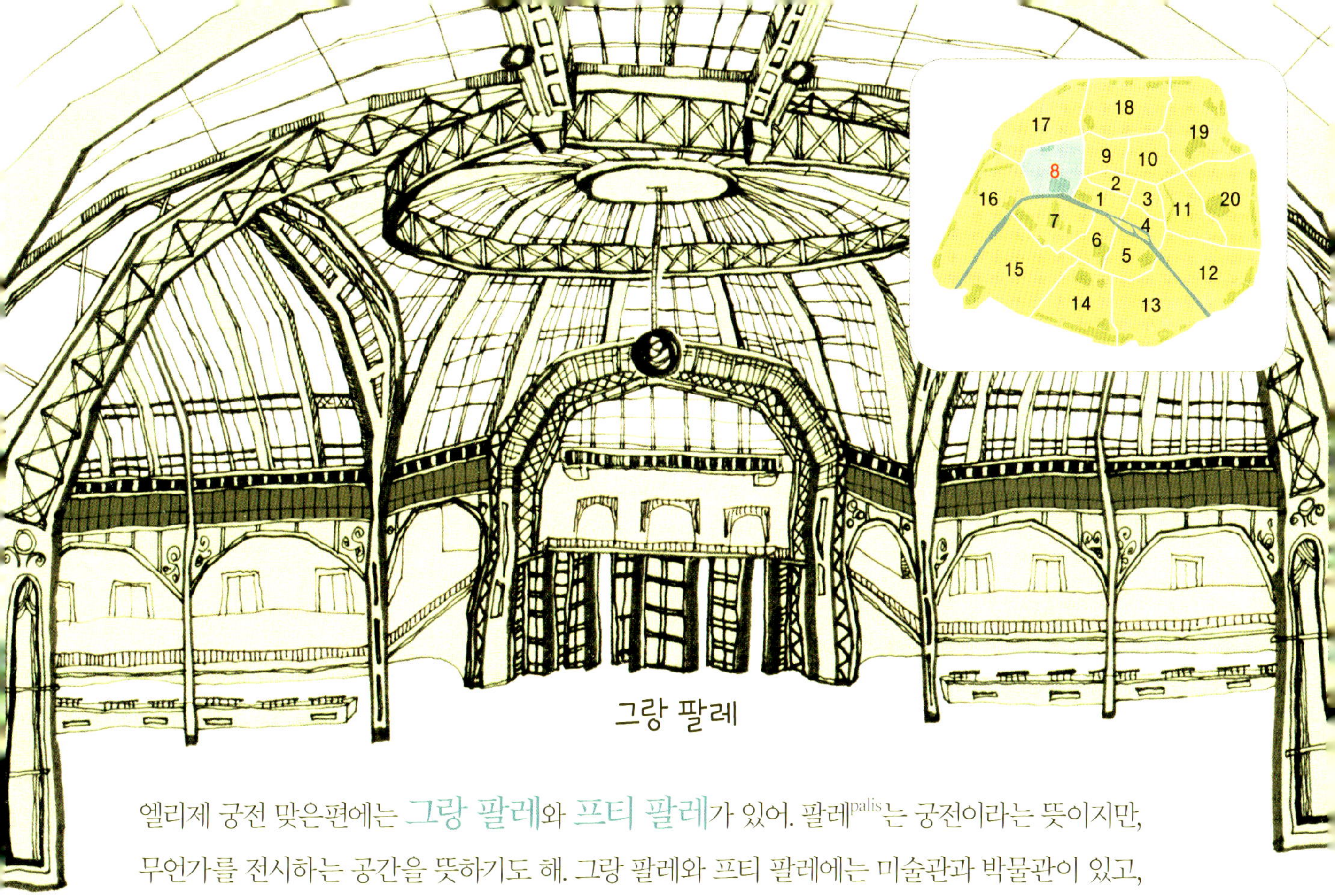

그랑 팔레

엘리제 궁전 맞은편에는 **그랑 팔레**와 **프티 팔레**가 있어. 팔레^{palis}는 궁전이라는 뜻이지만, 무언가를 전시하는 공간을 뜻하기도 해. 그랑 팔레와 프티 팔레에는 미술관과 박물관이 있고, 특별한 행사가 열리기도 해. 그랑 팔레는 천장이 유리로 된 것이 특징이야.

프티 팔레는
내부에 정원이 있어.

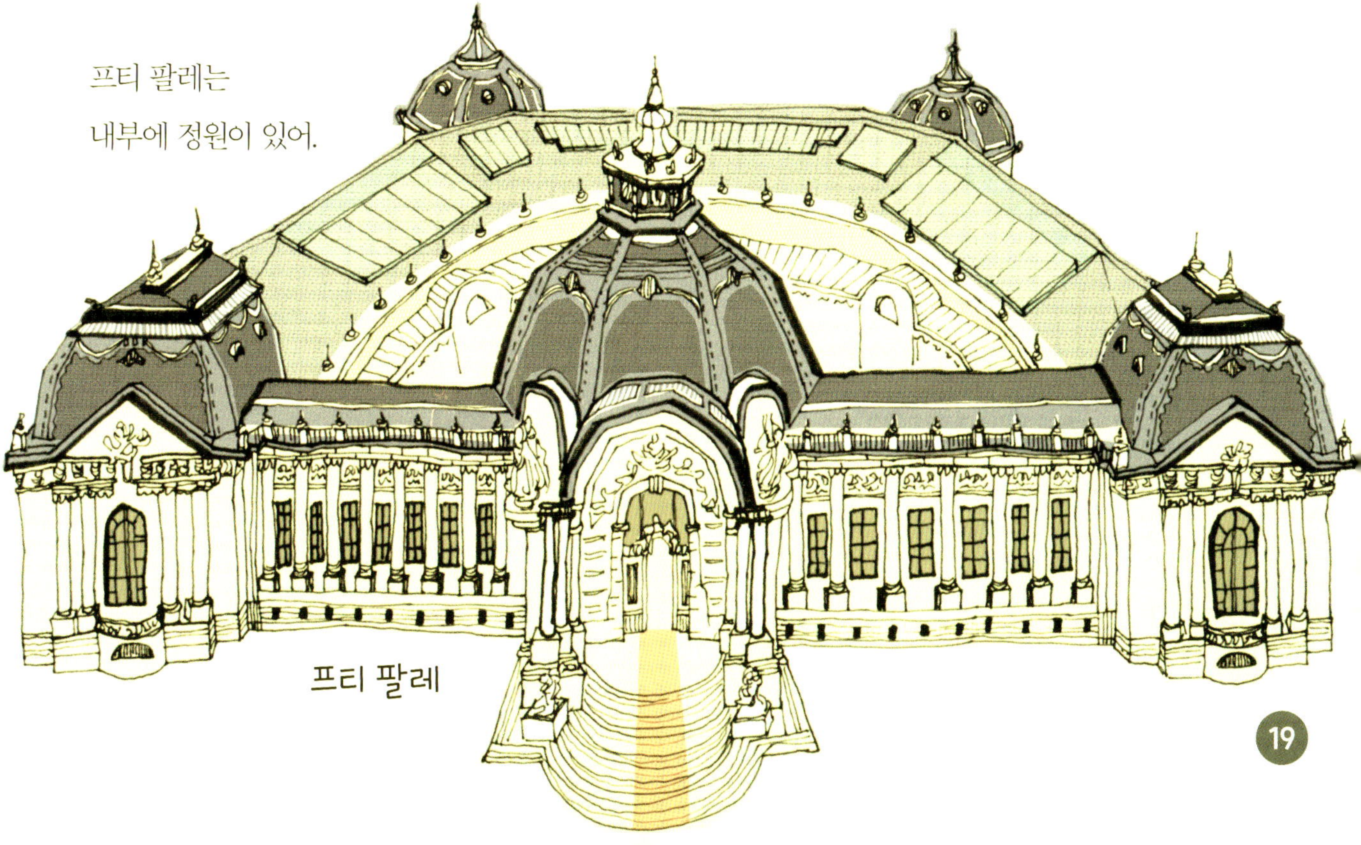

프티 팔레

개선문과 샹젤리제 거리가 있는 파리 8구

조금 전에 가 봤던 콩코드 광장의 오벨리스크에서 개선문까지 이어지는 약 2킬로미터의 길을 **샹젤리제 거리**라고 해.
주변에 부자와 예술가들의 저택, 고급 레스토랑, 노천카페, 상점, 화랑 등이 있어.
파리에서 가장 유명한 거리지.

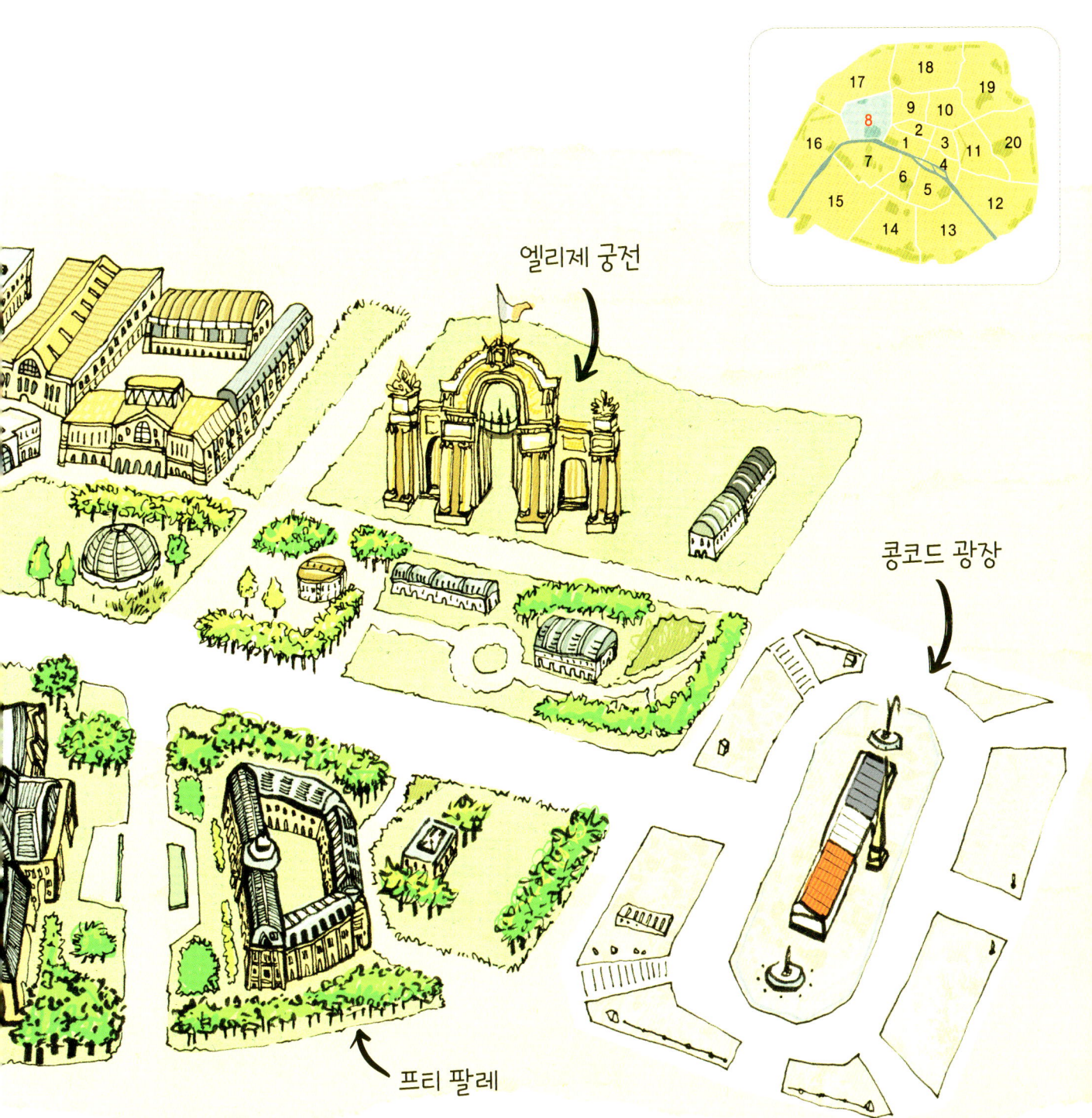

엘리제 궁전

콩코드 광장

프티 팔레

만약 샹젤리제를 걷는다면 개선문에서 콩코드 광장 방향으로 걷는 게 좋아.

왜냐하면 콩코드 광장에서 개선문으로 향하는 길은 오르막이거든.

에투알 개선문과 샹젤리제 거리

혹시 루브르 박물관 앞에 개선문이 있던 것 기억하니? 그래, 카루젤 개선문이 있었어. 여기 이 개선문은 **에투알 개선문**이라고 해. 보통 파리의 개선문이라고 하면 이 에투알 개선문을 말하는 거지. 개선문은 전쟁에서 이긴 것을 기념해서 만든 기념물이야. 개선문이 서 있는 곳은 샤를 드골 광장이고, 이곳에서 12개의 방향으로 길이 뻗어 있어. 개선문은 파리 8구와 16구, 17구가 만나는 곳에 서 있단다.

샹젤리제 거리 한가운데는 도로이고, 양 옆으로 플라타너스와 마로니에 나무가 뻗어 있어. 나무 뒤쪽으로 인도와 상점, 주택 등이 자리 잡고 있지. 골목 사이사이에 운치 있는 건물과 가게들이 많아서 많은 사람의 사랑을 받고 있어.

샹젤리제 거리에 왔으니까,
파리 사람들에 대해서 알아볼까?
파리에 거주하는 사람을 파리지앵이라고 불러.
파리지앵은 예술을 사랑하고 자유를 추구해.
오래전 왕과 귀족이 나라를 다스리던 시절에
일반 시민이 주인이 되는 나라를 만들기 위해 혁명을 일으키기도 했단다.
이 혁명을 프랑스 혁명이라고 하는데,
이 사건으로 유럽의 많은 사람들이 혁명을 일으키고 자유를 얻었어.

파리의 음식점

레스토랑

제대로 된 프랑스 요리를 맛보고 싶다면 레스토랑으로 가는 게 좋아. 옷을 잘 차려입은 사람들이 다소 엄숙한 분위기에서 음식을 먹고 있을 거야. 물론 소문난 고급 레스토랑이 아니라면 그냥 편한 옷을 입고 가도 괜찮아.

트로케

작은 음식점이야. 규모가 비교적 작고 음식 가격도 레스토랑보다는 싸. 주로 젊은이나 대학생이 음식을 먹으며 이야기를 나누는 곳이야.

프랑스를 이야기하면서 절대 빼놓을 수 없는 게 와인이야. 프랑스 사람들의 와인에 대한 자부심은 엄청나.

브라스리

맥주와 간단한 음식을 파는 우리나라의 호프라고 생각하면 돼. 파리식 샌드위치와 감자튀김, 오믈렛 등과 함께 맥주를 즐길 수 있는 곳이야.

카페

차를 비롯한 음료와 크루아상 등의 빵 종류를 먹을 수 있어. 파리에서는 길에 테이블을 내놓고 운영하는 노천카페가 많은데, 파리와 파리 사람들을 제대로 느끼면서 잠시 쉬고 싶다면 꼭 찾아가 봐.

라데팡스와 신개선문

파리의 주거난을 해결하기 위해 파리 동쪽에 조성한 **라데팡스**는 엄밀히 말해서 파리가 아냐. 이곳에는 파리와 달리 고층 빌딩과 현대식 건물들이 들어서 있어서 파리와는 분위기가 사뭇 달라. 정작 파리지앵들은 이곳을 싫어한다고 해.

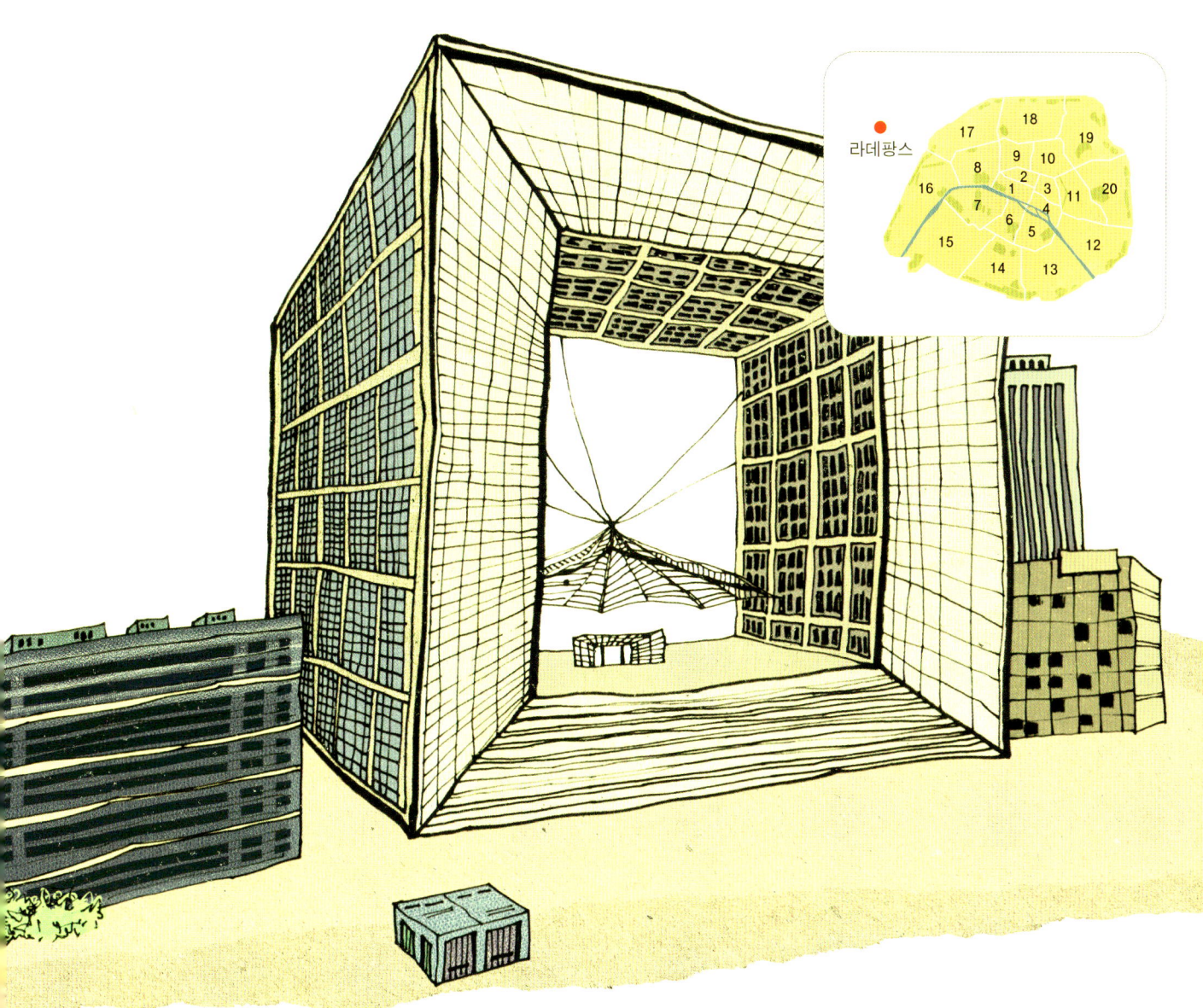

파리에 속하지 않는 라데팡스를 소개한 이유가 이 신개선문 때문이야. 프랑스 말로는 '그랑 아르슈'라고 해. 파리의 21세기를 연다는 의미에서 지은 건축물인데, 에투알 개선문과는 4킬로미터 떨어져 있어. 이곳에서부터 에투알 개선문과 샹젤리제 거리, 콩코드 광장의 오벨리스크, 루브르 박물관까지 일직선으로 뻗어 있어서 전망대에서는 이 모두를 한꺼번에 감상할 수 있어. 물론 망원경이 있으면 더 잘 보이겠지?

에펠탑과 마르스 광장

에펠탑

샤이요 궁전

에투알 개선문에서 남쪽으로 내려오면 반원형 모양의 **샤이요 궁전**과 그 앞의 **트로카데로 광장**이 나오고, 거기에서 센강을 건너면 그 유명한 에펠탑이 있어 에펠탑 앞으로는 길고 넓은 **마르스 광장**이 뻗어 있고, 그 끝에는 군사 학교가 있어. 예전에 광장에서는 군사 훈련을 하고는 했는데, 그래서 전쟁의 신인 마르스의 이름이 붙었어.

마르스 광장

반원형 모양의 샤이요 궁전에는 지금 해양 박물관과 인류 박물관, 프랑스 문화재 박물관 등이 들어서 있어. 샤이요 궁전의 테라스에서는 에펠탑의 웅장한 모습을 감상할 수 있어.

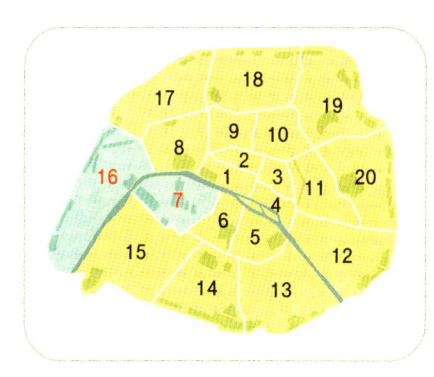

군사학교

에펠탑은 프랑스 혁명 100주년을 기념하기 위해 1889년 마르스 광장에 세운 철로 만든 탑이야. 높이가 324미터로 파리에서 제일 높은 건축물이지. 탑을 설계한 구스타브 에펠의 이름을 따서 이름을 지었어. 구스타브 에펠은 미국 뉴욕 맨해튼에 있는 자유의 여신상을 설계하기도 했어.

처음 파리 시민들은 에펠탑을 아주 싫어했어. 파리 시내의 고풍스러운 건축물들과 어울리지 않았거든. 하지만 지금은 파리를 대표하는 건축물이 되었어. 꼭대기의 전망대에 오르면 파리 시내가 한눈에 들어와. 에펠탑 전망대에 오르려면 아침 일찍 서둘러야 할 거야.

앵발리드의 군사 박물관

파리의 도심을 확대한 지도야.
앞에서 봤지?
앵발리드라는 곳이
보이니?
다음 가 볼 곳이
바로 거기야.

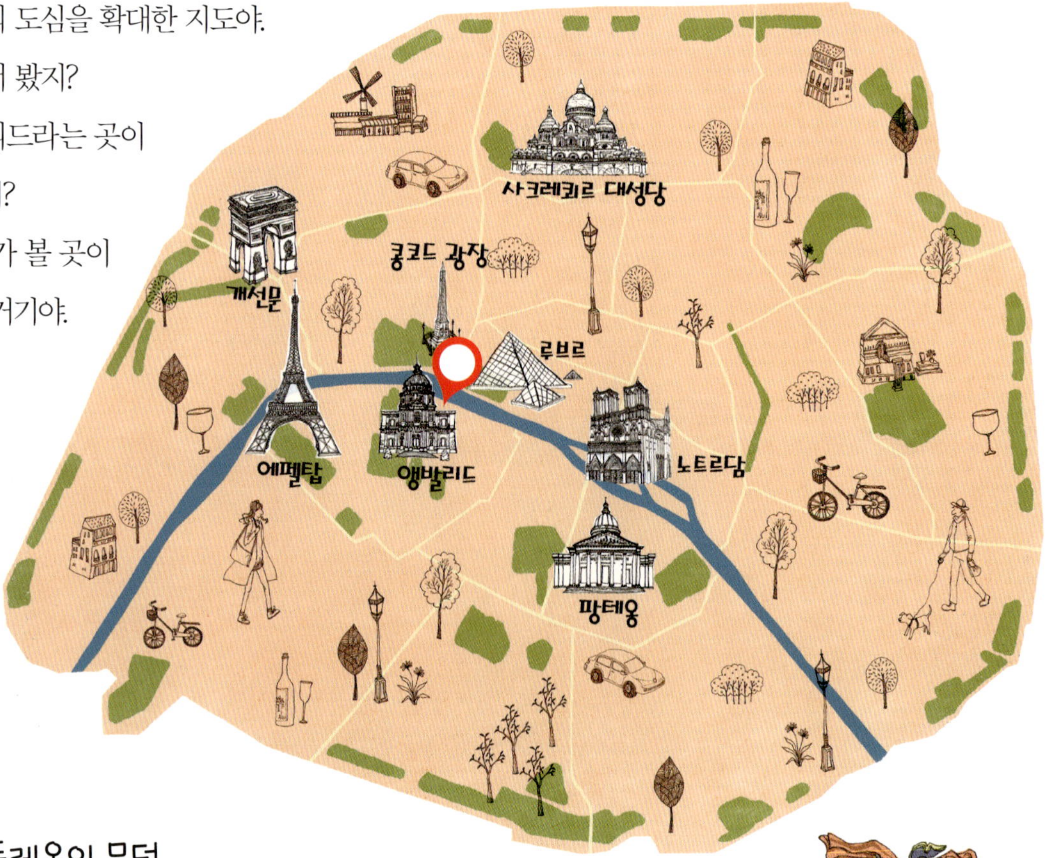

나폴레옹의 무덤

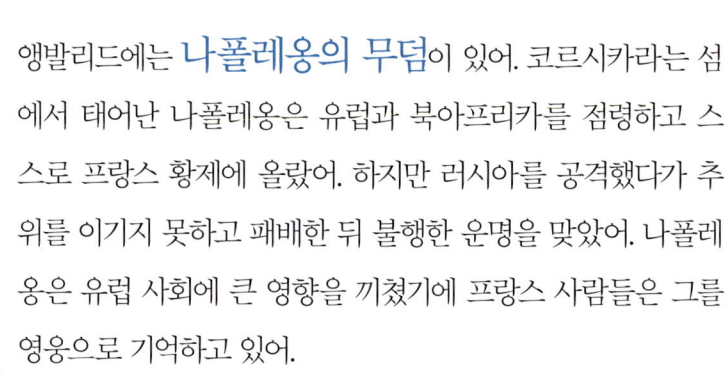

앵발리드에는 **나폴레옹의 무덤**이 있어. 코르시카라는 섬에서 태어난 나폴레옹은 유럽과 북아프리카를 점령하고 스스로 프랑스 황제에 올랐어. 하지만 러시아를 공격했다가 추위를 이기지 못하고 패배한 뒤 불행한 운명을 맞았어. 나폴레옹은 유럽 사회에 큰 영향을 끼쳤기에 프랑스 사람들은 그를 영웅으로 기억하고 있어.

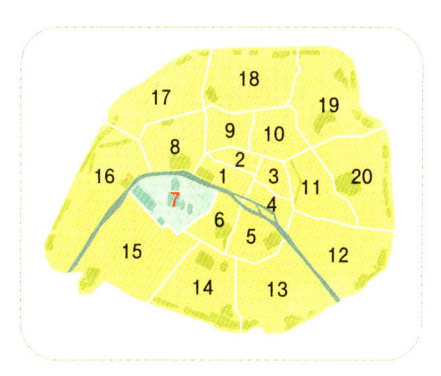

앵발리드는 전쟁에서 다친 부상병들을 치료할 목적으로 지은 건물이야. 지금은 군사 박물관으로 쓰이는데, 과거의 무기와 병사들의 군복 등을 볼 수 있어. 그리고 나중에 지어진 생루이 데 앵발리드 교회 지하에 나폴레옹의 무덤이 있지.

앵발리드 근처에 있는 **로댕 미술관**에도 가 봐. 로댕이라는 훌륭한 조각가의 작품을 감상할 수 있어. 아, 그리고 이곳 주변에는 대한민국 대사관도 있어.

생루이 데 앵발리드 교회

뤽상부르 공원과 팡테옹, 소르본 대학교

뤽상부르 궁전

뤽상부르 공원 근처에 **소르본 대학교**가 있어. 영국의 옥스퍼드, 이탈리아 볼로냐 대학교와 더불어 유럽의 3대 대학교 중 하나로 꼽혀.

소르본 대학교

앵발리드에서 동쪽으로 조금 가면 파리에서 가장 큰 공원인 뤽상부르 공원이 나와. 이곳은 궁전과 정원, 연못, 분수, 숲, 박물관이 어우러진 아주 아름다운 곳이야. 뤽상부르 궁전은 지금 프랑스 국회의원의 의사당으로 쓰이고 있어. 정원에서 궁전을 바라보았을 때 왼쪽에는 뤽상부르 박물관이 있어. 정원 곳곳에 있는 아름다운 조각상들도 발길을 멈추게 하지.

18
17
19
9
10
8
2
16
1
3
20
11
7
4
6
5
15
12
14
13

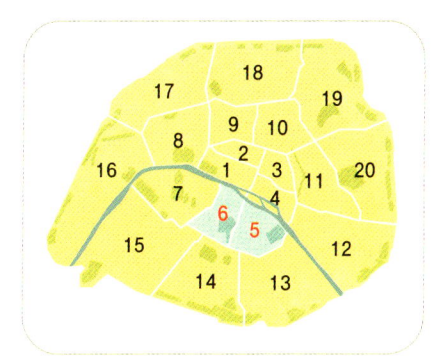

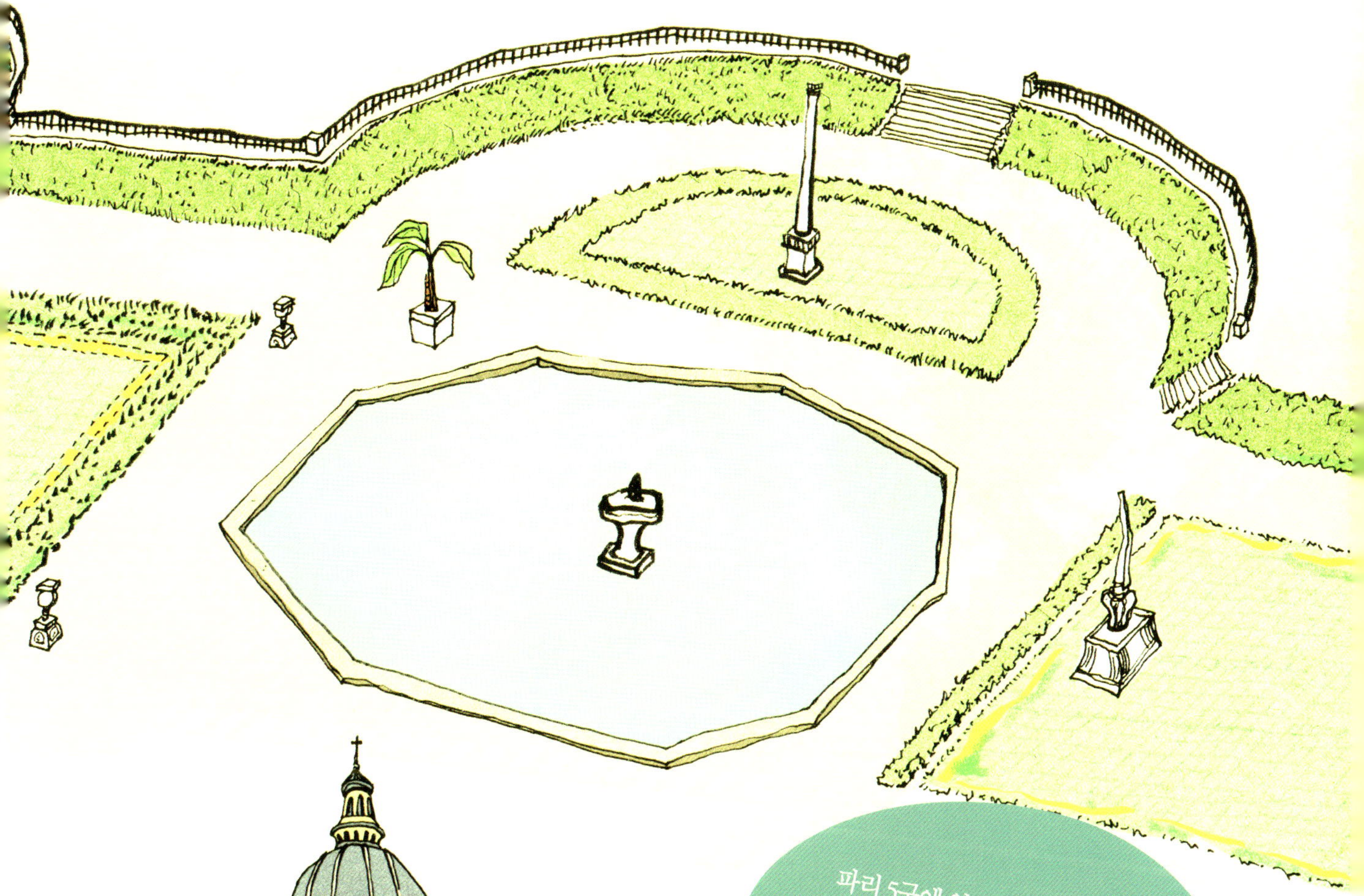

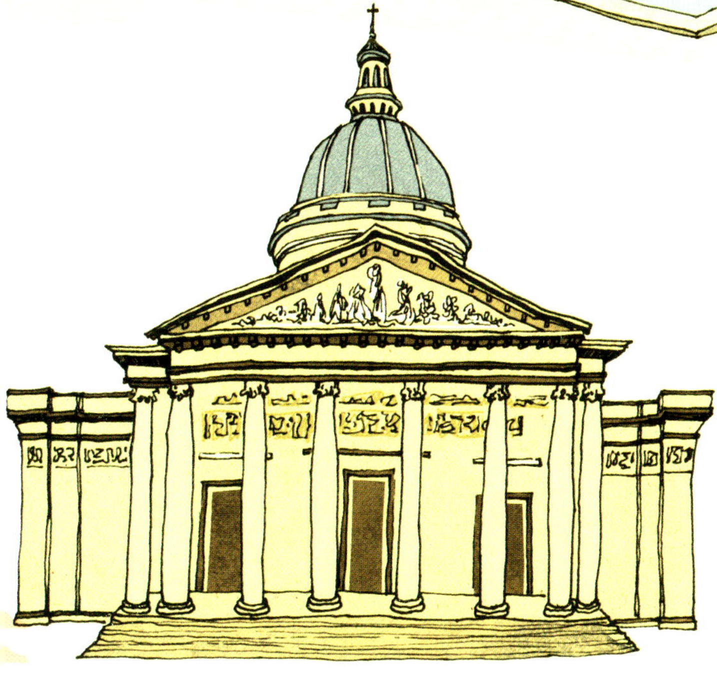

파리 5구에 있는 사원이야. 프랑스 역사에 큰 업적을 남긴 인물들을 기념하는 곳이지. 앞모습은 로마의 판테온 신전을 본 따서 지었어.

팡테옹

파리의 대학교

파리의 대학교는 우리나라의 대학교와는 여러 면이 달라. 우리의 대학교는 일반적으로 넓은 땅 위에 운동장과 광장, 각각의 건물이 모여 있지만, 파리를 비롯한 유럽의 대학교는 도시 곳곳에 대학 건물이 흩어져 있어. 그래서 이런 도시들을 '대학 도시'라고 불러.

파리 1대학교인 **팡테옹-소르본**의 건물이야. 원래 파리 대학교는 1257년에 로베르트 소르본이라는 신부가 설립한 신학교에서 출발했어. 세월이 흐름에 따라 공부하는 학문이 늘어나면서 학교 건물이 여러 곳에 생겨났고, 이 모든 대학을 통틀어서 파리 대학교라고 불렀어. 파리 대학교에서 가장 유명한 단과 대학이 바로 소르본이 설립한 소르본 대학교였지.

1968년 프랑스 교육법이 수정되면서 파리 대학교는 13개의 대학교로 분할되었고, 각 대학교마다 1부터 13까지 번호를 매겼어.

여기는 파리 3대학교인 소르본-누벨이야. 1대학인 팡테옹-소르본, 새롭게 만들어진 소르본 대학교와 마찬가지로 이곳도 소르본 대학교라고 할 수 있어. 건물을 새로 짓고 있어서 파리의 다른 대학교에 비해 현대적이야.

조금 전에 이야기했던 소르본 대학교 건물이야. 소르본 대학교는 파리 4대학교와 파리 6대학교를 통합해서 2018년에 새롭게 태어난 대학교야. 과거 소르본 대학교의 전통과 명예를 잇고 있지. 물론 건물을 새로 지은 것은 아니고, 그냥 두 대학교를 합쳐서 새롭게 이름을 붙였을 뿐이야.

퐁피두 센터

뤽상부르 공원에서 북쪽으로 향하다 보면 센강 위에 떠 있는 시테섬을 만나게 돼.
섬을 지나고 센강을 건너서 조금 더 가다 보면
고풍스러운 파리와는 좀 어울리지 않는 건물이 나타나는데, 이곳이 **퐁피두 센터**야.

철골 구조물과 계단 등이 밖으로 노출되어 있는 이 건물은 에펠탑과 마찬가지로 파리 시민들의 환영을 받지 못했어. 하지만 자꾸 보면 정이 가는 법이잖아? 지금 퐁피두 센터는 파리의 현대성과 예술적인 면모를 상징하는 대표적인 명소가 되었어. 이 건물을 처음 고안하고 짓기로 했던 조르주 퐁피두 대통령의 이름을 따서 건물 이름을 지었어.

 # 파리의 거리 예술가들

예술의 도시답게 파리 곳곳에서는 거리 예술가들을 자주 만날 수 있어. 그들을 보고 있으면 이 세상이 참 아름답고 행복한 곳이라는 느낌이 들 거야.

마레 지구의 명소들

퐁피두 센터에서 동쪽으로 가면 **마레 지구**라는 곳이 나와.
골목마다 예쁜 가게들이 있고, 19세기의 모습을 간직한 집들이 많지.
마레 지구에서 우리가 첫 번째로 찾아갈 곳은 **피카소 미술관**이야.

  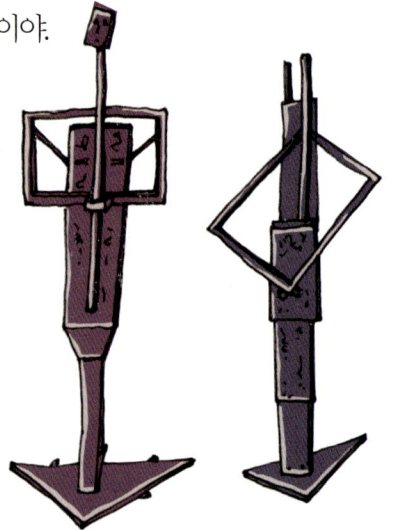

피카소는 스페인 사람이지만, 주로 프랑스에서 활동했어.
프랑스 정부는 피카소가 죽은 뒤 그의 유족으로부터 상속세를 받는 대신 작품을 기증받았고, 프랑스 여러 도시에 피카소 미술관을 세웠어.

두 번째 찾아갈 곳은 **카르바날레 박물관**이야. 선사 시대부터 현대에 이르는 파리의 역사를 알 수 있는 유물과 가구, 조각, 서류, 그림 등을 볼 수 있어.

보주 광장은 역사적으로 유명한 사람들이 살았던 저택의 마당이야. 4층 건물이 광장의 사면을 감싸고 있어. 광장에는 네 개의 분수가 있고, 잔디와 나무가 사격형 모양으로 잘 정돈되어 있어. 《레미제라블》을 쓴 빅토르 위고의 집도 구경할 수 있단다.

붉은색 대문과 벽면의 시계가 인상적인 생폴 생루이 성당이야.

마지막으로 찾아갈 곳은 바스티유 광장이야. 프랑스 혁명 때 파리 시민들이 공격했던 바스티유 감옥이 있던 자리지. 광장 가운데에 7월의 기둥이라는 탑이 우뚝 서 있어. 이곳은 파리 4구와 11구, 12구가 만나는 지점이야.

몽마르트 언덕과 사크레쾨르 대성당

파리의 북쪽 끄트머리인 18구에는 야트막한 **몽마르트 언덕**이 있어. 해발 130미터밖에 안 되지만, 대부분이 평지인 파리에서는 가장 높은 지형이야. 언덕에 오르면 파리를 한눈에 감상할 수 있지.

몽마르트는 '순교자들의 언덕'이라는 뜻이야. 몽(mont)이 '산, 언덕'을 뜻해. 꼭대기에는 **사크레쾨르 대성당**이 서 있어.

한때 이곳에는 파리의 예술가들이 모여들어 서로 친교를 다지고 미술 세계에 대해 이야기를 주고받았어. 그래서 파리의 예술을 상징하는 장소이기도 해.

몽마르트 언덕으로 향하는 길에 만나게 되는 **사랑해 벽**이야.
전 세계 250개 언어로 쓴 '사랑해'라는 말이 빽빽하게 적혀 있어.

사크레쾨르 성당 앞에서 바라본 파리의 모습이야.

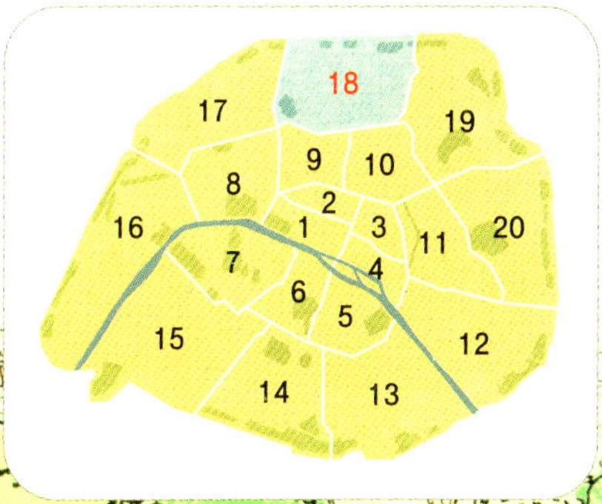

사크레쾨르 대성당을 바라보면서 왼쪽으로 가면 **떼르트르 광장**이 나와. 이곳에서 피카소와 고흐, 르누아르, 마네, 모네 등이 활동을 했어. 주변에는 그들이 즐겨 찾던 카페들이 아직도 있어.

사크레쾨르 대성당

베르사유 궁전

라데팡스의 신개선문처럼 파리에 있는 건 아니지만 꼭 소개하고 싶은 곳이 있어.

바로 **베르사유 궁전**이야.

루이 14세라는 왕은 자신이 살던 루브르 궁전(지금의 루브르 박물관이야)이 초라하다는 생각이 들어서 어마어마하게 크고 화려한 궁전을 파리 주변에 짓도록 명령했어. 그렇게 만들어진 것이 베르사유 궁전이야.

베르사유 궁전

왕은 매일 이곳에서 파티를 열었어. 귀족들은 왕에게 잘 보이려고 매일 선물을 들고 왕의 파티에 참석했지. 때문에 왕은 재물이 점점 늘어나고 귀족들은 재물이 줄어들었어. 왕이 매일 파티를 연 이유가 그것이었어. 자신을 반대하는 귀족들을 파티에 불러들여 감시를 하고 경제적으로 어렵게 만들기 위한 것이었지. 하지만 왕과 귀족들의 사치스러운 생활은 나라 살림을 어렵게 만들었어. 나라에 돈이 없으니 시민들에게 세금을 높여 받았지 뭐야. 결국 참다못한 시민들이 혁명을 일으켰어. 그게 프랑스 혁명이야.

거울의 방

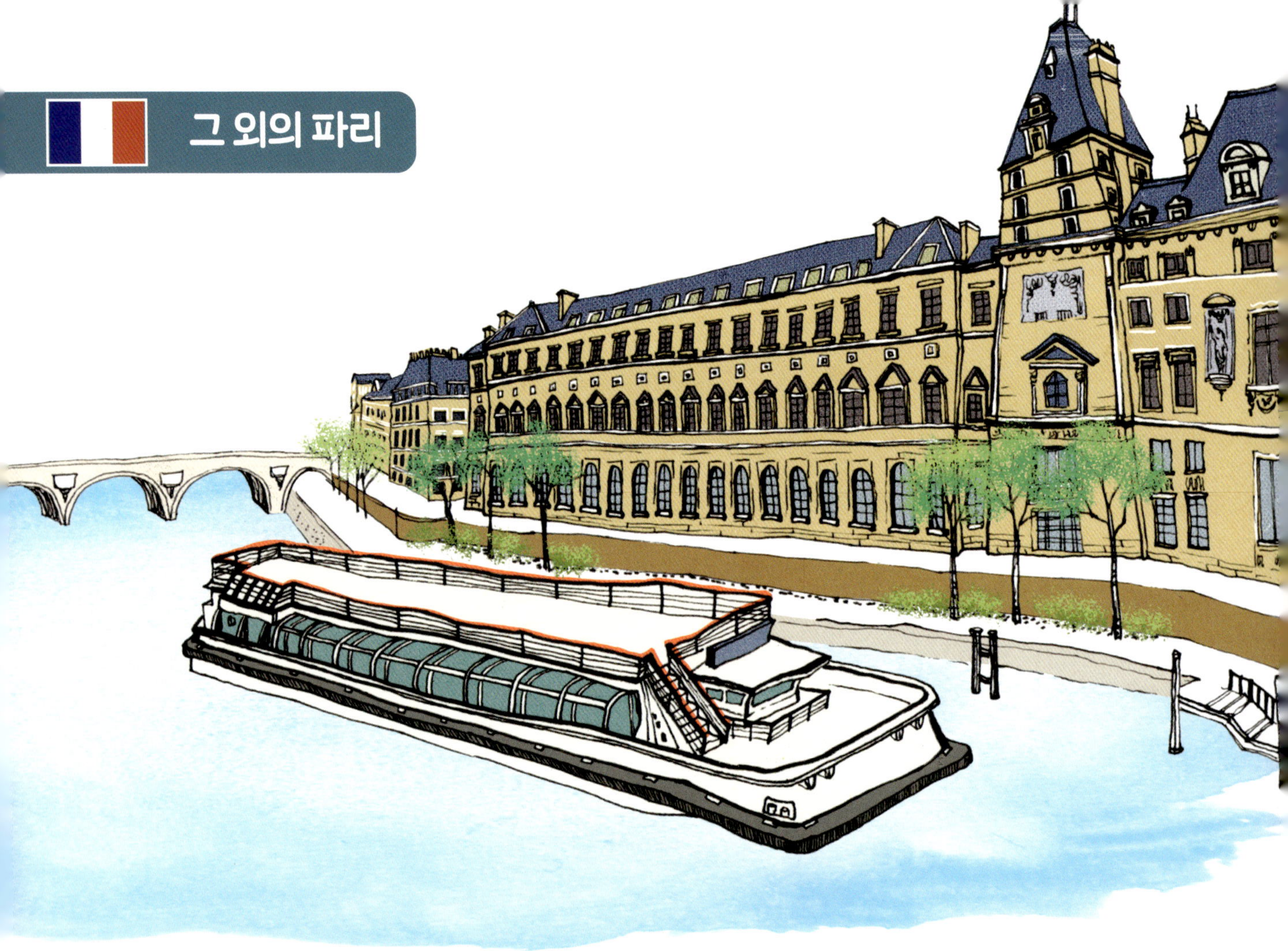

그 외의 파리

센강의 유람선

파리 시내에서 바라보는 센강도 아름답지만, 센강에서 바라보는 파리 시내도 아름다워. 센강의 물결을 따라 흘러가다 보면 센강 주변의 궁전과 연결된 지하도의 입구를 발견할 수 있을 거야.

오르세 미술관

루브르 박물관, 퐁피두 센터와 함께 파리의 3대 박물관에 속해. 루브르 박물관이 고대부터 18세기 말의 작품을 전시하고, 퐁피두 센터는 현대 미술을 보여 주는데, 오르세 미술관은 그 사이를 연결하고 있어. 오르세 미술관만의 특색이 있다는 뜻이지. 참고로 미술관 건물은 원래 기차역이었다고 해.

몽파르나스 타워

파리에서는 찾아보기 힘든 현대식 빌딩이야. 높이는 209미터로 에펠탑보다는 낮아. 그리고 파리지앵들은 이 건물을 별로 좋아하지 않는대. 혹시 모르지. 시간이 지나면 나중에는 사랑을 받을지도. 에펠탑과 퐁피두 센터도 처음에는 파리 사람들이 싫어했거든. 꼭대기에 전망대가 있는데, 에펠탑이 너무 붐벼서 전망대에 갈 수 없다면, 몽파르나스 타워의 전망대를 이용하는 것도 좋아.

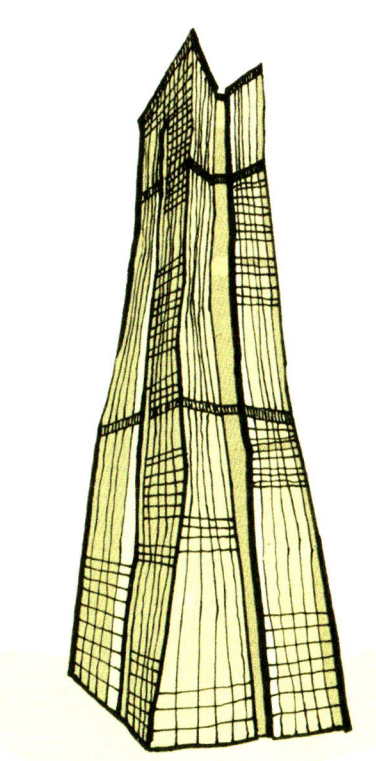

쁘렝땅 백화점

1875년에 문을 연 유서 깊은 백화점이야. 특히 향수와 의류 등 여성을 위한 제품이 많아. 파리에 몇 군데 있는데, 파리 8구의 갤러리 라파예트 본점 바로 곁에 있는 곳이 쇼핑을 하기에도, 구경을 하기에도 좋아.

파리와 프랑스를 조금 더 깊이 알아볼까?

언어	프랑스어
면적	643,427㎢ (한국 100,364㎢)
인구	약 6,542만 명 (한국 약 5,182만 명)
통화	유로(EUR)
수도	파리

과거의 갈리아 지방

옛날에는 프랑스가 없었대!

지금 유럽을 생각하면 어떤 나라들이 떠오르니? 독일, 영국, 이탈리아를 비롯해서 우리가 둘러본 파리의 프랑스 등이 떠오를 거야. 그런데 옛날에도 이런 나라들이 있었을까? 아니야. 옛날에는 독일도 없었고, 영국도 없었고, 프랑스도 없었어.

지금 프랑스가 있는 지역을 옛 사람들은 갈리아라고 불렀단다. 갈리아 지방은 오늘날의 프랑스와 독일 등을 포함하는 넓은 땅이었어. 이곳에는 켈트족Celts이라고 불리는 사람들이 여러 곳에 흩어져 살았는데, 당시 유럽을 지배했던 로마 사람들은 그들이 사는 땅을 갈리아Gallia라고 불렀어.

아주 오래전 유럽은 로마가 지배했어. 그래, 이탈리아의 수도인 바로 그 로마야. 지금은 로마가 도시 이름이지만, 과거에는 나라 이름이었거든. 로마는 그리스의 앞선 문명을 받아들이고 강력한 군사력과 경제력을 바탕으로 유럽의 여러 지역과 아시아의 서쪽, 아프리카의 북쪽까지 자기네 땅으로 만들었어.

켈트족은 뛰어난 전사들이었어. 그들은 로마가 다스리는 땅에 침범해서 약탈을 일삼고는 했지. 그래서 로마 사람들은 갈리아 지방의 켈트족을 혼내 주

율리우스 카이사르

프랑크 왕국 영토

겠다고 마음먹었어. 드디어 율리우스 카이사르라는 사람이 군대를 이끌고 갈리아로 쳐들어갔어. 훗날 로마의 지도자가 되는 카이사르는 갈리아를 정복하고 로마의 영토로 삼았어. 자, 이때까지만 해도 프랑스는 없었어. 그럼 프랑스는 언제 생겨났을까?

서로마 제국이 멸망하고 프랑크 왕국이 들어서다

로마는 다스려야 할 땅이 점점 커지자 나라를 둘로 나누기로 했어. 오늘날 이탈리아의 로마를 수도로 하는 서로마 제국과 오늘날 터키의 이스탄불을 수도로 하는 동로마 제국으로 나뉜 거야. 서로마와 동로마는 어떨 때는 사이가 좋다가도 어떨 때는 다투기도 했어. 그런데 서로마 제국에 위기가 닥쳤어. 유럽 북쪽에 있던 게르만족이 아시아에서 쳐들어온 무시무시한 훈족을 피해 남쪽으로 내려온 거야. 이 일을 '게르만족의 이동'이라고 해(375년). 처음에 서로마 제국은 게르만족에게 살 땅을 주고 사이좋게 지냈어. 하지만 게르만족과 서로마의 평화는 오래가지 못했어. 서로마는 자기네 영토로 들어온 게르만족의 숫자가 늘어나자, 게르만족을 괴롭히기 시작했어. 게르만족도 서로마에 맞서 싸웠지.

서로마 제국은 게르만족뿐 아니라 여러 민족으로부터 공격을 받으면서 조금씩 힘이 약해졌어. 그러던 중 게르만족으로 구성한 서로마의 용병 부대가 반란을 일으켜서 서로마 황제를 끌어내렸어. 이로써 서로마 제국은 멸망하고 말았어(476년).

서로마 영토에는 게르만족이 여러 나라를 세우고 서로 경쟁했어. 우리도 다 같은 한민족이지만 옛날에는 신라, 고구려, 백제로 나뉘어서 싸웠잖아? 그것과 마찬가지로 게르만족도 서로마 영토에 여러 개의 나라를 세우고 서로 싸운 거야. 그러다 프랑크족이 갈리아 지방에 세운 프랑크 왕국이 1인자가 되었어. 자, 프랑크라는 이름이 낯익지 않니? 그래, 오늘날의 프랑스라는 나라 이름이 바로 이 프랑크에서 유래했단다.

프랑크족은 어떤 사람들일까?

여기까지 이야기하면서 여러 민족의 이름이 나왔지? 이 민족들에 대해서 알아볼게.

켈트족 전사

아틸라

이미 말했다시피 켈트족은 갈리아 지방을 중심으로 유럽 전역에 퍼져 살았어. 그들은 대체로 머리카락이 붉거나 금발인 백인이었는데, 전사들은 머리를 땋고 다녔어. 혹시 《아스테릭스》라는 프랑스 만화를 아니? 두 명의 켈트족 전사가 로마 군대를 무찌르는 이야기야. 이 만화를 통해 한때 갈리아 지방에 살았던 켈트족을 프랑스 사람들이 친근하게 느낀다는 점을 알 수 있어.

켈트족은 로마의 지배를 받고, 갈리아 지방에 게르만족이 들어오며, 프랑크 왕국이 건국되는 동안 순수 혈통을 많이 잃었어. 하지만 오늘날까지도 아일랜드와 영국의 스코틀랜드, 웨일스에 켈트족의 후손들이 살고 있어.

게르만족^{Germane}은 유럽 북쪽의 추운 지방에 살았어. 오늘날의 노르웨이, 덴마크, 독일 등이 게르만족의 고향이야. 그러다가 인구가 늘어나자 조금씩 남쪽으로 내려오기 시작했고, 유럽을 공포에 떨게 했던 훈족을 피해 한꺼번에 서로마 영토로 들어왔어. 오늘날 독일을 영어로 저머니^{Germany, 한국식으로는 '게르마니'}라고 부르는데, 나라 이름에서 독일이 게르만족이 세운 나라라는 사실을 알 수 있어.

프랑크 왕국을 세운 프랑크족도 사실은 게르만족이야. 시간이 지나면서 게르만족에서 여러 부족이 생겨나는데, 영국에 왕국을 세운 앵글로·색슨족도 게르만족에서 나왔어. 이외에 반달족, 고트족, 부르군트족, 롬바르드족 등이 모두 게르만족이야. 나중에 다른 책을 읽다가 이 이름들이 나오면 조금은 반갑겠지?

그리고 로마 이야기를 하지 않을 수 없지. 로마를 건국한 사람들은 라틴족^{Latins}이야. 라티움이라는 지역을 중심으로 살았기 때문에 이런 이름이 붙었어. 오늘날 남아메리카를 라틴아메리카라고도 부르는데, 그 이유는 라틴족의 후손인 포르투갈과 스페인 사람들이 한때 남아메리카를 지배했기 때문이야.

마지막으로 훈족을 알아볼까? 훈족은 오늘날 튀르키예(터키)를 비롯해 투르크메니스탄, 카자흐스탄, 우즈베키스탄, 러시아 등에 넓게 분포하여 살아가는 튀르크족이라는 민족에서 나온 부족이야. 원래 중앙아시아의 초원에서 유목을 하며 살았는데, 말을 잘 타고 활을 잘 쏘아서 유럽 사람들에게는 공포의 대상이었지. 아틸라라는 왕이 유명해. 참고로 헝가리^{Hungary}는 '훈족^{Huns}의 땅'이라는 뜻인데, 사실 지금 헝가리에 살고 있는 사람들은 훈족

분할된 프랑크 왕국

프랑크 왕국에 속했던 유럽의 국가

이 아니라 마자르인의 후손이야.

서프랑크와 동프랑크

자, 다시 프랑크 왕국 이야기를 해 볼까?
프랑크 왕국을 세운 사람은 클로비스야. 클로비스는 프랑크 왕국을 건설하면서 파리를 수도로 정했어. 파리^{Paris}라는 도시 이름은 원래 이곳에 살던 파리시족^{Parisii}에서 유래했어. 파리시족은 켈트족에서 나온 부족이야.
클로비스는 게르만족의 전통을 버리고 로마 가톨릭으로 개종했어. 개종은 종교를 바꾼다는 말인데, 프랑크족인 클로비스는 게르만족에게 내려온 신앙과 풍습을 포기하고 완전한 유럽인이 되기로 마음먹은 거지. 서로마 제국이 멸망한 뒤 기댈 곳이 없었던 로마 가톨릭교회는 유럽의 새로운 강자가 된 프랑크 왕국을 서로마 제국의 후계자로 인정했어.
프랑크족은 아버지가 죽으면 아들들에게 재산을 똑같이 나누어주는 풍습이 있었어. 이 풍습에 따라 프랑크 왕국의 왕(루트비히 1세)은 세 아들에게 나라의 영토를 골고루 나누어 주었어. 세 왕자는 서로 많은 땅을 차지하기 위해 전쟁을 벌였지. 그러다가 서로 완전히 갈라서기로 하고, 프랑크 왕국은 서프랑크, 중프랑크, 동프랑크로 나누어졌어. 이 세 나라가 오늘날의 프랑스(서프랑크), 이탈리아(중프랑크), 독일(동프랑크)의 기원이 되었지. 나중에는 중프랑크를 서프랑크와 동프랑크가 나누어 가지면서 프랑크 왕국은 최종적으로 서프랑크와 동프랑크로 나누어졌어. 프랑크라는 이름이 프랑스로 변한 것이 언제인지는 알 수가 없어.

백 년 전쟁으로 '프랑스인'이 탄생하다

그런데 프랑스 사람들은 처음부터 스스로를 '프랑스인'이라고 여겼을까? 이 질문에 답하기 위해서는 '봉건제'라는 제도를 먼저 알아야 해.
과거에는 왕 한 사람이 넓은 땅을 다스릴 수가 없었어. 오늘날처럼 도로, 교통, 통신 등이 발달하지 않아서 나라 안 구석구석까지 살피기 힘드니까. 그래서 왕은 여러 신하들에게 나라 안의 땅을 나누어 주고 알아서 다스리도록 했어. 이런 사람들을 '영주'라고 하고, 영주가 다스리는 땅을 '봉토'라고 해. 영주는 다시 기사들에게 땅을 나누어 주고

잔 다르크

루이 14세

다스리도록 했지.

왕-영주-기사는 서로서로 일정한 약속을 맺었어. 왕이 영주에게(영주가 기사에게) 권력과 땅을 나누어 주는 대신 영주는 왕에게(기사는 영주에게) 충성을 바치는 거야. 영주와 기사는 자신의 봉토 안에서는 왕과 같은 권력을 누렸어. 그러다가 외적이 쳐들어오거나 특별한 일이 생기면 영주와 기사들은 병사들을 이끌고 달려가서 왕을 도왔어.

영주나 기사가 다스리는 땅에서 살고 있는 사람들에게 '국가'와 '국민'이라는 말은 특별한 의미가 없었어. 그저 영주와 기사의 눈치만 살펴야 했으니까. 그런데 바다 건너 영국과 큰 전쟁을 치르게 되었어. 무려 100년 넘게 전쟁을 치렀기 때문에 '백 년 전쟁'이라고 불러(1337년~1453년). 처음에는 프랑스가 밀렸어. 하지만 잔 다르크라는 여성 영웅이 나타나 결국에는 프랑스가 이겼어.

중요한 사실은 이렇게 오랜 세월 전쟁을 치르는 동안 프랑스 사람들 사이에 '애국심'이라는 것이 생겨났다는 점이야. 영국이라는 적에 맞서 똘똘 뭉친 덕분에 '우리는 같은 프랑스인이다.'라는 생각을 갖게 된 거지. 게다가 백 년 전쟁 때 대포와 석궁 같은 신식 무기가 등장하면서 창과 검을 휘두르는 기사들은 더 이상 쓸모가 없어졌어. 백 년 전쟁은 유럽의 독특한 사회 구조인 봉건제가 무너지는 계기가 되었단다.

왕권신수설과 삼부회

봉건제가 무너지면서 왕의 권력이 강해졌어. 나라를 다스리는 권력을 나누어 갖고 있던 영주와 기사의 힘이 약해지면서 상대적으로 왕의 힘이 세진 거야.

왕이 국가를 다스리는 정치를 '왕정'이라고 해. 프랑스는 프랑크 왕국이 건국된 이후로 줄곧 왕정 국가였어. 그런데 18세기 후반에 이르러 이 왕정이라는 정치 형태가 크게 흔들리는 일이 일어났단다. 무슨 일이 있었던 걸까?

앞에서 영주와 기사가 몰락하면서 왕의 힘이 세졌다고 했지? 하지만 넘치거나 과하면 반드시 문제가 생기기 마련이야.

루이 14세라는 왕이 있었어. 그는 국왕의 권력은 신으로부터 받은 것이라고 주장했어. 이런 주장을 '왕권신수설'이라고 해. 기독교 국가였던 프랑스에서 신은 곧 하느님을 뜻해. 그러니까 루이 14세는 자신이 하느님을 대신해서 나라를 다스린다고 주

프랑스의 3개 신분을 풍자한 그림

바스티유 감옥을 공격하는 파리 시민들

장한 거야. 신하와 백성들은 하느님 행세를 하는 루이 14세 앞에서 꼼짝 못했어.

루이 14세는 프랑스 영토를 넓히기 위해 수많은 전쟁을 치렀어. 그리고 우리가 앞에서 가 보았던 베르사유 궁전을 지었어. 전쟁을 하려면 돈이 많이 필요해. 계속해서 전쟁을 치르느라 돈을 엄청나게 많이 썼는데, 어마어마한 궁전까지 짓느라 나라 살림이 엉망이 되고 말았어. 루이 14세의 다음다음 왕인 루이 16세가 프랑스를 다스릴 즈음에는 나라의 창고가 텅 빌 지경에 이르렀지. 루이 16세는 세금을 올리기 위해 삼부회를 소집했어.

프랑스에는 왕족 이외에 세 가지 신분이 있었어. 제1 신분은 성직자야. 프랑스를 비롯한 거의 모든 유럽의 국가가 기독교를 국교로 삼았기 때문에 성직자의 권한이 강했어. 그래서 이 사람들이 가장 높은 제1 신분을 차지한 거야. 제2 신분은 귀족이고, 제3 신분은 일반 평민이었어. 앞서 이야기한 삼부회는 각 신분을 대표하는 사람들의 모임이야.

질문 하나 할게. 세 가지 신분 중에 어느 신분의 숫자가 제일 많았을까? 그래, 맞아. 제3 신분인 일반 평민의 숫자가 제일 많아. 100명 중에 98명이 평민이었고(98%), 성직자와 귀족은 2명뿐이었어(2%). 그런데도 모든 일을 결정할 권리는 성직자와 귀족에게만 있었어. 게다가 세금을 내는 것도 제3 신분의 몫이야. 당연히 제3 신분은 불만이 클 수밖에 없었어.

자, 예를 들어 볼게. 왕이 이렇게 이야기해.

"이번에 세금을 올리는 문제에 대해 각 신분의 대표에게 의견을 묻겠다. 세금을 올리는 것에 찬성하는 대표는 손을 들어라."

제1 신분과 제2 신분의 대표가 찬성한다고 손을 들었어. 물론 세금을 내야 하는 입장인 제3 신분의 대표는 반대했지. 하지만 세금을 올릴 수밖에 없어. 2 대 1이니까. 제3 신분이 화가 나지 않겠니? 제3 신분의 대표들은 회의장을 박차고 나왔어. 그러고 나서 삼부회는 진정으로 국민을 대표할 수 없다며, 자기들끼리 '국민 의회'라는 대표 기관을 만들었어. 이쯤 되면 왕도 한 발 물러서야 할 텐데, 왕은 오히려 군대를 동원해서 국민 의회를 짓밟았어. 이 모든 상황을 지켜본 프랑스 국민들은 더 이상 참을 수가 없었어.

프랑스 혁명의 시작

1789년 7월, 드디어 파리 시민들이 행동에 나섰어.

튈리히 궁전을 공격하는 파리 시민과 의용군

루이 16세

프랑스 군대의 총칼 앞에서도 파리 시민들은 물러서지 않았어. 시민들은 왕의 잘못을 지적하고 왕에게 대든 사람들이 많이 갇혀 있는 바스티유 감옥으로 쳐들어가 죄인들을 풀어 주었어. 시민들의 기세가 얼마나 거셌던지 군대까지도 무릎을 꿇었어. 파리에서 시작된 프랑스 국민의 저항은 빠른 속도로 프랑스 전체에 퍼졌어. 농민들은 귀족들을 공격하여 그들의 땅을 빼앗았어. 루이 16세는 국민에게 항복하지 않을 수 없었지. 이렇게 해서 '프랑스 혁명'이 시작되었어. 프랑스 혁명은 1789년부터 훗날 나폴레옹이 프랑스의 최고 권력자가 되는 1799년까지 일어난 여러 가지 커다란 사회 변화를 일컫는 말이란다.

왕이 국민에게 항복했으니, 국민의 대표인 국민 의회는 앞으로 프랑스를 어떻게 이끌어 갈지 결정해야 했어. 공화제를 해야 한다는 무리와 입헌군주제를 해야 한다는 무리가 서로 팽팽하게 맞섰어.

왕 한 사람이 국가를 다스리는 정치를 무엇이라고 부르지? 그래, '왕정'이야. 반면에 국민을 대표하는 여러 사람이 함께 나라를 다스리는 정치를 '공화정'이라고 불러. 그럼 우리나라의 정치 형태는 왕정일까, 공화정일까? 그렇지. 공화정이야. 공화제는 공화정을 하기 위한 여러 가지 제도를 말해.

입헌군주제라는 어려운 단어가 나왔지? 입헌군주제는 나라에 왕이 있기는 하지만, 왕의 권력이 법적으로 제한되는 정치 제도야. 영국을 예로 들어 볼까? 영국에는 왕이 있어. 엘리자베스 여왕이야. 하지만 엘리자베스 여왕이 나라를 다스리지는 않아. 국민의 대표들이 모인 의회에서 선출한 총리가 최고의 정치권력을 가지고 있어. 우리나라와 이웃한 일본에도 왕이 있지만, 실질적인 권한과 책임은 총리를 비롯한 다른 정치인들에게 있어. 이런 정치 형태를 입헌군주제라고 해.

자, 공화제와 입헌군주제의 갈림길에서 프랑스 국민 의회는 어떤 선택을 했을까? 최종 선택은 입헌군주제였어. 국민 앞에 무릎을 꿇은 루이 16세와 그의 가족은 정치권력을 잃었지만, 여전히 왕이라는 자리를 지킬 수 있게 되었어.

더 나은 세상으로 향하기 위한 진통

국민의 대다수를 차지하는 평민들의 권한이 커졌지만, 프랑스는 아주 혼란스러웠어. 오랫동안 이어져 온 사회의 질서가 갑자기 바뀌었으니, 혼란스러운 게 당연해.

단두대에서 처형당한 루이 16세와 마리 앙투아네트

알프스를 넘는 나폴레옹

프랑스 혁명을 지켜본 주변 국가들은 프랑스에 경고를 보냈어. 왜냐하면 유럽 대부분의 나라들은 여전히 왕정 국가였거든. 자기 나라에서 같은 일이 벌어져서 국민에게 권력을 빼앗길까 봐 왕과 귀족들은 두려웠던 거야. 특히 프랑스와 국경을 맞대고 있는 오스트리아와 프로이센(독일)이 프랑스를 향해 으르렁거렸어.

그러다가 결국 오스트리아와 프랑스 사이에 전쟁이 터졌어. 그렇지 않아도 사회가 혼란스러운데 전쟁까지 터졌으니, 프랑스 국민들은 살기가 더 힘들어졌어. 특히 프랑스 혁명에 앞장섰던 파리 시민들의 불만이 가장 컸어.

그러던 중에 큰 사건이 또 터졌어. 허수아비 왕이 되어 불안에 떨던 루이 16세와 그의 가족이 나라가 어수선한 틈을 타서 오스트리아로 도망치려다가 붙잡힌 거야. 왕을 향한 국민의 배신감이 들끓었어. 앞서 공화제를 추구했던 사람들이 이 기회를 놓치지 않았어. 국민의 분노를 등에 업고 권력을 장악한 거야. 이 일을 주도한 사람은 로베스피에르였어. 그는 얼마 남지 않은 왕의 권한을 완전히 빼앗는 것도 모자라 아예 왕인 루이 16세와 왕비 마리 앙투아네트를 단두대에서 처형해 버렸어.

나폴레옹의 등장

로베스피에르는 자신을 반대하는 사람들을 무작정 죽였어. 로베스피에르는 국민이 이끄는 공화정을 추구하면서도 스스로 왕처럼 행세했어. 프랑스 국민들이 그를 가만히 놓아두었을까? 아니야. 결국 로베스피에르도 자신이 처형시킨 왕과 왕비와 마찬가지로 단두대에서 목이 잘렸어.

프랑스의 정치 지도자들은 새로운 길을 찾아야 했어. 그렇게 해서 탄생한 것이 총재 정부야. 다섯 명의 총재를 선발하여 그들에게 정치를 맡긴 거지. 총재는 어떤 단체나 모임에서 최종적인 결정을 내리는 사람을 말해.

하지만 총재 정부도 오래가지 못했어. 오스트리아와의 전쟁에서 공을 세워 국민 영웅으로 떠오른 나폴레옹이 쿠데타를 일으켰거든. 쿠데타는 총칼을 앞세워 힘으로 정치권력을 빼앗는 일을 말해. 나폴레옹은 합법적인 정부인 총재 정부의 권력을 빼앗았어. 하지만 국민들은 오히려 나폴레옹을 응원했어. 나폴레옹이 혼란에 빠진 프랑스를 구해 줄 것이라고 믿었기 때문이야.

나폴레옹은 통령 정부를 구성했어. 통령은 오늘날의 대통령과 비슷해. 나폴레옹은 나라를 이끌어 갈

나폴레옹의 황제 대관식. 가운데 왕관을 든 이가 나폴레옹이다.

세 명의 통령을 선출했고, 자신이 가장 힘이 센 제1통령에 올랐어. 이로써 프랑스 혁명은 막을 내렸어.

나폴레옹, 황제에 올라 유럽을 정복하다

나폴레옹은 통령 정부를 구성한 뒤 모든 국민이 교육을 받을 수 있도록 한 국민 교육 제도를 실시하는 등 여러 가지 개혁을 추진했어. 오랫동안 혼란스러웠던 프랑스는 비로소 안정을 찾아가기 시작했어.

하지만 권력을 향한 사람의 욕심은 끝이 없나 봐. 나폴레옹은 황제가 되고 싶어 했어. 1804년, 나폴레옹은 황제가 되기 위한 국민 투표를 실시했고, 나폴레옹을 좋아한 국민 대다수가 찬성표를 던졌어. 이렇게 해서 나폴레옹은 황제가 되었어. 왕정에서 혁명을 통해 공화정으로 바뀌었던 프랑스는 다시 제정 국가가 된 거야. '제정'은 황제가 나라를 다스리는 정치를 말해.

황제에 오른 나폴레옹은 전 유럽을 상대로 전쟁을 벌였어. 여러 나라를 정복해서 프랑스 땅으로 만들었고, 또한 여러 나라를 프랑스의 위성국과 동맹국으로 삼았어. 위성국은 힘이 강한 나라의 지배를 받는 나라이고, 동맹국은 어려운 일이 닥쳤을 때 서로 돕기로 약속한 나라를 말해. 유럽의 여러 나라들은 힘이 강한 프랑스에 굴복해서 어쩔 수 없이 프랑스의 위성국과 동맹국이 된 거야. 이렇게 유럽의 여러 나라를 상대로 나폴레옹이 벌인 전쟁을 '나폴레옹 전쟁'이라고 해(1805년~1815년).

영국을 뺀 유럽의 거의 모든 나라를 정복했지만, 나폴레옹은 거기서 멈추지 않았어. 러시아라는 거대한 나라가 남아 있었거든. 나폴레옹은 군사를 이끌고 러시아로 쳐들어갔어. 나폴레옹의 군대는 러시아의 수도인 모스크바에까지 이르렀어. 이제 한 발만 더 내디디면 러시아를 정복할 수 있어. 하지만 나폴레옹은 운이 나빴어. 때마침 러시아의 살을 에는 듯한 추위가 닥친 거야. 나폴레옹의 병사들은 추위와 굶주림 속에 하나둘 죽어 갔어. 나폴레옹은 돌아설 수밖에 없었어. 60만 명의 병사 중에 살아 돌아온 사람은 20만 명이 채 안 되었어.

프랑스 혁명과 나폴레옹이 남긴 유산

프랑스가 러시아와의 전쟁에서 패배한 뒤 프랑스

봉건제 시대의 농민(농노)은 노예나 다름없었다.

1848년 3월에 오스트리아 빈에서 일어난 혁명

의 지배를 받고 있던 유럽의 여러 나라들이 힘을 합쳐 프랑스를 공격했어. 수많은 병사를 잃어 힘이 빠진 나폴레옹은 항복할 수밖에 없었어. 나폴레옹은 이탈리아의 엘바섬에 갇혔어. 그는 그곳을 탈출하여 다시 권력을 잡으려 했지만, 결국 실패했어. 그 뒤에는 아프리카에서 아주 멀리 떨어진 세인트헬레나섬에 갇혀 지내다가 그곳에서 병으로 죽었어. 나폴레옹이 죽은 뒤 프랑스는 유럽 여러 나라 대표들의 결정에 따라 왕정으로 돌아갔어. 다시 왕이 나라를 다스리게 된 거지.

자, 한 가지 물어볼게. 프랑스 혁명은 성공한 것일까, 실패한 것일까? 왕과 귀족에 반발하여 평민들이 혁명을 일으켜 공화정을 이루었다가 다시 왕정으로 돌아갔으니, 실패한 것으로 보일 수도 있어. 하지만 꼭 그렇지만은 않아.

프랑스 혁명으로 인해 국민들 사이에 개인의 자유에 대한 생각이 성숙할 수 있었어. 봉건제 사회에서 국민은 왕과 영주, 기사의 소유물이나 마찬가지였어. 영주와 기사들은 자신의 봉토 안에 있는 백성을 마음대로 죽일 수도 있었거든.

백 년 전쟁 이후 봉건제가 무너지면서 국민들 사이에 자유주의가 자라나기 시작했어. 자유주의는 아무리 힘이 약한 국민일지라도 어느 누구의 지배를 받지 않고 자유롭게 살 권리를 가진다는 생각이야. 어때? 지금 이 책을 읽고 있는 너는 누군가의 지배를 받고 있니? 그렇지 않아. 이 세상 모든 사람은 자유롭게 생각하고 행동하며 원하는 대로 살 수 있는 권리를 가지고 있어. 이처럼 당연한 일이 옛날에는 당연한 일이 아니었어. 하지만 사람들은 누구나 자유롭게 살 수 있는 권리에 대해서 생각하기 시작했고, 드디어 프랑스 혁명을 통해 자유주의가 폭발한 거야.

프랑스 혁명이 벌어지는 동안 성숙한 자유주의는 주변 국가들에도 전해졌어. 유럽 사람들은 프랑스 국민이 왕을 끌어내리고 세상을 바꾸는 것을 지켜보면서 자기들도 힘을 합치면 왕과 귀족에 맞설 수 있다는 용기를 갖게 된 거야. 겉으로 보기에 프랑스 혁명은 실패했지만, 누구나 자신의 뜻대로 자유롭게 살 수 있다는 아주 중요한 생각을 사람들에게 심어 주었기에 결코 실패했다고만 볼 수는 없어.

프랑스 혁명 이후 자유주의와 함께 나타난 또 하나의 중요한 사상이 민족주의야. 민족주의는 크게 두 가지로 설명할 수 있어. 첫 번째는 어떤 민족이 다른 민족의 지배를 받아서는 안 된다는 생각이고, 두 번째는 여기저기 흩어져 있는 하나의 민족이 힘

이탈리아를 통일한 가리발디를 환영하는 나폴리 시민들

샤를 10세

을 합쳐서 통일을 이루어야 한다는 생각이야.
'나폴레옹 전쟁'을 기억하지? 황제에 오른 나폴레옹이 유럽의 여러 국가를 정복하기 위해 10년 동안 벌인 전쟁이야. 이때 유럽 사람들은 사실상 나폴레옹과 프랑스의 지배를 받았어. 이처럼 프랑스의 눈치를 살피던 유럽 사람들은 어떤 생각을 품었을까? 프랑스의 지배로부터 벗어나야 한다는 생각을 하지 않았겠니? 그래, 이게 민족주의야. 강력한 다른 민족으로부터 해방되고 독립해서 자주적으로 민족의 미래를 만들어 가고자 하는 바람이지.

이처럼 민족의 자주적인 독립을 원하는 생각은 또 다른 생각으로 발전하게 돼. 같은 민족끼리 힘을 합쳐서 하나의 나라를 건설하자는 생각이지. 프랑스 혁명과 나폴레옹 전쟁을 치를 때까지만 해도 독일은 여러 나라로 쪼개져 있었어. 같은 게르만 민족이지만, 나라는 서로 달랐던 거야. 게르만 민족의 나라 중에 가장 힘이 강했던 프로이센은 여러 나라로 흩어져 있는 게르만 국가들을 하나로 합치려는 계획을 세웠고, 성공했어. 이렇게 탄생한 나라가 오늘날의 독일이야. 오스트리아 역시 게르만족의 나라인데, 프로이센과 오스트리아의 사이가 좋지 않아서 합치지 않았어.

이탈리아 또한 여러 나라로 쪼개져 있었어. 역시 민족주의가 성숙하면서 이탈리아에서도 통일을 이루어야 한다는 바람이 커졌어. 오늘날 이탈리아의 북쪽 지역에 있던 사르데냐라는 나라를 중심으로 이탈리아 사람들은 하나로 뭉치기 시작했어. 통일을 이루는 과정에 전쟁이 일어나기도 했지만, 결국 이탈리아 사람들은 하나의 국가를 이룩할 수 있었어.

프랑스의 마지막 왕

나폴레옹이 유럽 연합군에 항복한 뒤 프랑스는 다시 왕이 다스리는 나라가 되었어. 왕들은 프랑스 혁명 같은 일이 다시 일어날까 봐 국민들을 억압하기 시작했어. 루이 18세에 이어 왕에 오른 샤를 10세는 국민의 자유를 빼앗고 왕의 권력을 강화하려고 했어. 혁명을 일으켜 왕을 몰아냈던 프랑스 국민에게 이런 짓을 하다니, 참으로 어리석은 일이었어.

1830년 7월에 혁명이 일어났어. 파리 시민들은 샤를 10세를 쫓아냈지. 이 혁명을 '7월 혁명'이라고 해. 시민의 대표들은 입헌군주제를 다시 도입하기로 하고, 귀족 출신인 루이 필립을 왕으로 선출했어. 루이 필립은 시민이 뽑은 왕이어서 '시민의 왕'

오늘날의 파리와 패션모델들

이라 불렸어. 하지만 국민의 절대 다수를 차지하는 평민들이 보기에 세상은 별로 달라진 것이 없었어. 귀족 출신에 재산이 많은 사람들만 정치에 참여할 수 있었거든. 게다가 노동자들의 삶은 점점 더 힘들어졌어.

1848년 2월에 시민들은 다시 혁명을 일으켰어. 루이 필립을 몰아내고 공화정으로 돌아섰지. 그해 12월에 대통령 선거를 치렀는데, 대통령에 선출된 사람이 나폴레옹의 조카인 루이 나폴레옹이었어. 루이 나폴레옹은 삼촌이 간 길을 그대로 따랐어. 대통령에 만족하지 못하고 황제에 올라 나폴레옹 3세가 되었어.

이후 프랑스는 통일을 이룬 독일과의 전쟁에서 패했어. 독일에 항복한 나폴레옹 3세는 프랑스의 마지막 왕으로 역사에 남게 되었어.

프랑스와 파리가 우리에게 주는 교훈

지금까지 프랑스의 역사를 짧게 살펴봤어. 혹시 이런 말을 아니?
'아는 만큼 보인다.'
어디에 가서 무엇을 구경할 때 그곳에 대해서 조금이나마 알고 있으면, 더욱 더 알고 싶어지고 보다 흥미롭게 즐길 수 있다는 말이야. 지금 바스티유 감옥은 사라지고 없지만, 프랑스 혁명 때 파리 시민들이 바스티유 감옥을 공격했다는 사실을 알면 바스티유 광장이 의미 있게 다가올 거야. 그리고 광장 한가운데 서 있는 탑의 이름이 왜 '7월의 기둥'인지도 알 수 있을 거고 말이야(프랑스 혁명이 7월에 일어났으니까).

역사는 그저 지나간 옛날이야기가 아니야. 과거에 일어난 일이 도미노처럼 이어지면서 오늘에 영향을 미치고 있어. 왕과 귀족이 백성을 지배하고 억압하던 시절에 자유와 평등을 위해 싸웠던 사람들을 생각해 봐. 그 평범한 사람들이 위대한 일을 시작한 곳이 바로 파리였던 거지. 파리는 저 멀리 유럽의 프랑스라는 나라에 있는, 우리와 상관없는 도시가 아니야. 지금 우리가 누리는 자유는 수많은 사람의 희생을 통해 얻은 아주 귀한 것이고, 그 일이 시작된 곳이 파리였어. 어때? 파리가 아주 친근하게 느껴지지 않니?

다가올 2024년에 우리는 파리를 아주 가깝게 만나게 될 거야. 올림픽이 파리에서 열릴 예정이거든. 그때 파리는 또 어떤 모습을 우리에게 보여 줄까? 벌써부터 기대가 되지 않니?

파리 여행을 마치며

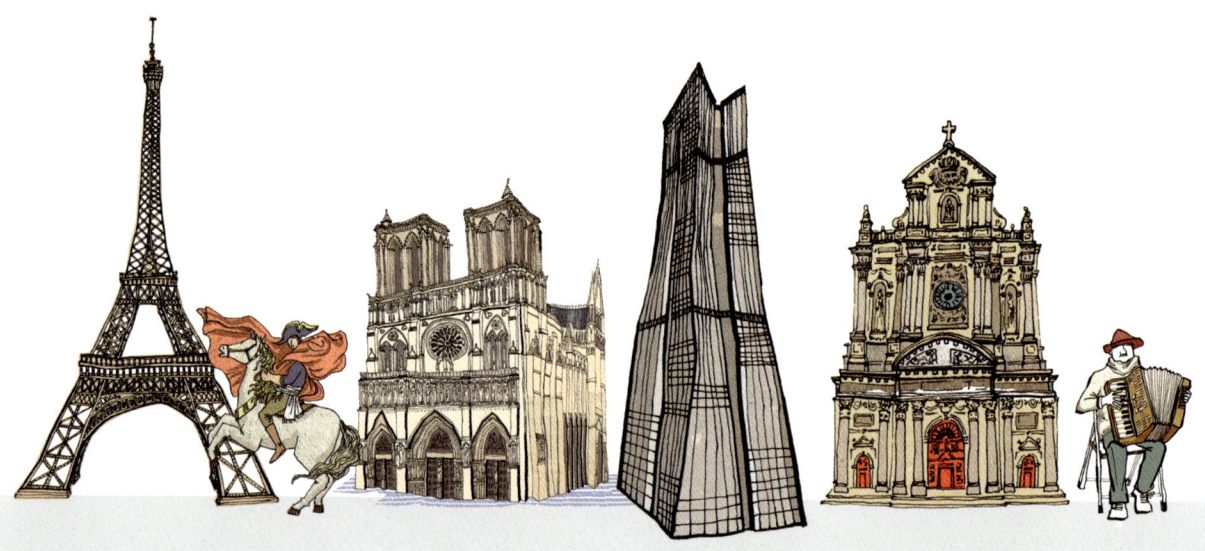

파리 여행은 즐거웠니?

프랑스는 러시아와 우크라이나에 이어 유럽에서 세 번째로 큰 나라이고 유럽 연합(EU)에서도 영향력이 큰 강대국이지만, 수도인 파리의 면적(105.4㎢)은 서울(605㎢)의 6분의 1 정도에 불과해. 그래서 며칠 동안 부지런히 다닌다면 파리의 구석구석까지 돌아볼 수 있어.

사실 과거 우리나라의 서울인 한양은 경복궁을 중심으로 해서 남대문, 동대문, 서대문, 인왕산을 연결한 성벽의 안쪽뿐이었어. 이랬던 곳이 시대가 변화함에 따라 점점 넓어져서 오늘날처럼 거대한 도시가 된 거야. 파리 역시 센강에 떠 있는 시테섬을 중심으로 조금씩 넓어지면서 오늘의 모습을 갖추었지. 하지만 파리가 여기서 더 커지지는 않을 거야. 왜냐하면 파리에 사는 사람들(파리지앵)은 딱 지금의 파리를 사랑하기 때문에 파리가 더 넓어지거나 현대식 건물이 들어서는 걸 원하지 않거든.

　하지만 파리는 주변에 위성 도시들이 생겨나면서 생활 영역이 확대되고 있기는 해. 위성 도시는 대도시의 어떤 기능을 나누어 가진 주변의 작은 도시를 뜻하는데, 서울로 치면 성남, 과천, 광명, 부천 등을 들 수 있어.

　이 책에서 미처 소개하지 못한 파리의 볼거리들이 많아. 책을 보는 동안 인터넷의 지도를 검색한다면, 주변에 어떤 명소들이 있는지 더 자세히 알 수 있고, 각각의 볼거리들을 찾아다니는 동선을 머릿속에 그려 볼 수 있을 거야. 마치 네가 파리에 있다고 상상하면서 이 책을 읽는다면 보다 흥미롭지 않겠니?

　그럼 다음 행선지인 런던에서 다시 만날 것을 기대할게. 안녕.

다음 여행지 안내

우리가 찾아갈 다음 여행지는 영국의 수도 런던이야.
런던에는 어떤 이야기가 숨어 있을지 궁금하지 않니?
그럼 이 시리즈의 두 번째 책에서 만나!